BIBLIOTHÈQUE

DE LA

JEUNESSE CHRÉTIENNE

APPROUVÉE

PAR Mᵍʳ L'ARCHEVÊQUE DE TOURS

—

4ᵉ SÉRIE IN-8ᵒ

Vue de Cayenne.

UNE MISSION

PAR

LE GENERAL BARON AMBERT

TOURS

ALFRED MAME ET FILS, ÉDITEURS

—

M DCCC LXXX

UNE MISSION

I

Un Anglais, le docteur Marshall, a publié l'ouvrage fort remarquable qui a pour titre : *Christian Missions* (*les Missions chrétiennes*). Cette œuvre se compose de trois volumes; deux autres, de M. de Waziers, complètent le travail du docteur anglais.

M. Marshall, qui était protestant, voulait, en entreprenant ses recherches, prouver que les ministres de l'Église réformée avaient un avantage sur les prêtres catholiques dans le nombre de conversions opérées par les uns et les autres. Les consciencieuses recherches du docteur lui ont prouvé le contraire de ce qu'il voulait démontrer.

Éclairé par la vérité, M. Marshall abjura ses erreurs et entra dans le sein de l'Église catholique.

Le livre du docteur anglais passe successivement en revue les missions en Asie, aux Indes, dans l'Océanie, l'Afrique, les deux Amériques et le Levant. Il étudie, en les comparant, le résultat des missions protestantes, des missions gréco-russes et des missions catholiques. Remontant au seizième siècle, il s'entoure de documents précieux, et particulièrement des publications protestantes.

Nous ne suivrons pas le docteur Marshall dans ses savantes recherches. Il suffira, pour le but que nous nous proposons, d'indiquer les résultats.

En Chine, les missionnaires catholiques et les ministres protestants ont été en présence. Or l'un de ces derniers, le R. Howard Malcolm, fait cet aveu : « Les missionnaires catholiques, avec de très modiques ressources, ont fait un grand nombre de prosélytes. Leur culte est devenu populaire et attire partout l'attention du public, tandis que, jusqu'à présent, la plus grande partie des travaux de nos missionnaires n'a été que préparatoire. »

Au sujet des missions de l'Inde, l'évêque protestant Middleton déclare que l'Église de Rome a produit des merveilles en Orient.

Le docteur Marshall montre la race anglo-saxonne détruisant partout les indigènes, tandis que les peuples néo-latins, français, espagnols, portugais, protégeaient les anciens maîtres du pays. Voici le jugement du docteur protestant : « La destinée invariable des sauvages en Australie, dans l'Amérique du Nord, dans l'Afrique du Sud, dans la Polynésie, partout où ils ont trouvé des maîtres protestants, a été de disparaître, tandis que dans les îles Philippines, dans l'Océanie, dans l'Amérique de l'Ouest et du Sud, sous des maîtres catholiques, ils ont vécu en paix et dans la prospérité; ils se sont augmentés et même multipliés. »

Après l'historique des missions entreprises dans les archipels qui parsèment le Grand Océan, M. Marshall va jusqu'à dire : « Parmi ces groupes d'îles, quelques-unes ont été visitées par les catholiques seuls, d'autres ont été possédées exclusivement par des protestants, d'autres enfin ont été occupées par les deux ensemble. Dans les premières, la religion a gagné sa victoire accoutumée et incontestée; dans les secondes, d'énormes dépenses n'ont amené qu'une corruption générale et un insuccès avoué; dans la troisième, l'hérésie, employant ses armes habituelles, la violence et la calomnie, a été combattue par la charité, la patience et le support des plus dures épreuves, et a enfin confessé son entière défaite (*has finally confessed its disconfiture and defeat*). »

Peut-être aurait-on pu reprocher au docteur Marshall de négliger dans ses études comparatives les missions tentées par les Églises russes. Mais M. de Waziers a complété l'ouvrage des missions chrétiennes par un travail digne des plus grands éloges.

Les écrivains protestants et même les auteurs russes déplorent l'extrême ignorance et la dégradation des clergés schismatiques. Ces clergés sont impuissants pour la conversion et complètement inutiles à la civilisation. Le comte Schouvaloff, devenu barnabite, a

publié un livre sous le titre : *Ma Conversion et ma vocation*, où toutes les misères du clergé grec sont pré-
sentées avec une entière bonne foi. Nous lisons dans
ce livre : « La Russie, depuis son schisme, n'a jamais
produit un seul missionnaire ou une sœur de charité
dignes de ce nom. »

Un autre écrivain, M. Spencer, a dit : « L'ignorance
grossière du clergé inférieur, les habitudes dissolues
d'un grand nombre de dignitaires du haut clergé et les
infamies pratiquées dans les monastères sont devenues
proverbiales dans toute la Grèce. »

Inspiré par la même pensée que le docteur Marshall,
un prêtre catholique, M. l'abbé G. Malé, docteur en
théologie, a composé une œuvre sur *les missionnaires
catholiques et les missionnaires protestants*. L'auteur
fait ressortir d'une façon éclatante la supériorité de
l'Église catholique, apostolique et romaine, sur toutes
les autres.

Chaque jour des événements nouveaux viennent
éclairer cette importante question. Parmi ces éléments,
les plus précieux sont les lettres que reçoivent de leurs
frères dispersés dans toutes les contrées du globe les
ordres religieux et les diverses congrégations. Si elles
étaient réunies, ces lettres formeraient un véritable
monument qui serait l'histoire religieuse des temps
modernes ; le lecteur y verrait la suite de ces *lettres
édifiantes* si justement admirées de nos pères.

En écrivant ces lignes, nous sommes dominé par
une idée : voilà un esprit éclairé, un cœur honnête,
une âme pure, à la recherche de la vérité. Cet homme

est Anglais, c'est-à-dire indépendant par caractère ; il
est protestant, et par conséquent hostile à notre Église.
De plus, son titre de docteur peut imprimer à son jugement une sorte de fierté. Eh bien, cet homme, plongé
dans l'étude, découvre la vérité ; il s'arrête surpris et
presque épouvanté. Il médite longtemps, voulant dou-
ter encore. Enfin, ce savant se lève. Debout, en présence de tous, il proclame à haute voix la vérité. Puis,
se tournant vers Dieu, il abandonne le protestantisme
et se prosterne au pied de nos autels.

Cette conversion est l'œuvre des missionnaires catholiques. Le docteur Marshall n'a pas entendu leur parole,
mais il a vu leurs actes.

Pourquoi le même phénomène ne se reproduirait-il
pas? Pourquoi d'autres actes des missionnaires ne tou-
cheraient-ils pas d'autres âmes? Telle est la pensée qui
nous préoccupe au moment d'entreprendre le récit
d'une mission.

« Chaque mission, dit Chateaubriand, avait un caractère qui lui était propre et un genre de souffrance
particulière. »

En effet, quoique le but fût le même, les moyens
différaient. Les missionnaires faisaient toujours le sacrifice de leur vie ; mais les travaux étaient plus ou
moins pénibles et cruels, dans le Levant, en Amérique,
aux Indes, en Chine ou en Afrique ; à la prédication de
l'Évangile les missionnaires devaient joindre les sciences
humaines, afin que le service de la patrie fût uni au
service de Dieu : les missionnaires du Levant devaient
connaître les langues grecque, cophte, arabe et turque ;

ils devaient aussi posséder des connaissances étendues en médecine et en chirurgie. Ceux qui allaient prêcher en Chine ou dans l'Inde étaient astronomes, géographes, mécaniciens. Les naturalistes se rendaient en Amérique.

Les ministres Colbert et Louvois, en établissant les missions françaises, ne perdaient pas de vue l'intérêt des arts, des sciences, du commerce et de la civilisation. Ce qu'avaient espéré ces hommes d'État fut dépassé de beaucoup.

Cependant le missionnaire catholique pensait avant avant tout au service de Dieu, au salut des âmes, au triomphe de l'Église.

Les *Lettres édifiantes* renferment des récits qu'il est utile de rappeler.

Le P. Tarisson, qui répandait la charité aux bagnes et galères pestiférés de Constantinople, écrivait à M. de Pontchartrain : « Les services que nous rendons à ces pauvres gens (les esclaves chrétiens du bagne de Constantinople) consistent à les entretenir dans la crainte de Dieu et dans la foi, à leur procurer des soulagements de la charité des fidèles, à les assister dans leurs maladies, et enfin à les aider à bien mourir. Si tout cela demande beaucoup de sujétion et de peine, je puis assurer que Dieu y attache en récompense de grandes consolations.

« Dans les temps de peste, comme il faut être à portée de secourir ceux qui en sont frappés, et que nous n'avons que quatre ou cinq missionnaires, notre usage est qu'il n'y ait qu'un seul père qui entre au bagne et qui y demeure tout le temps que la maladie dure. Celui qui en obtient la permission du supérieur s'y dispose pendant quelques jours de retraite, et prend congé de ses frères comme s'il devait bientôt mourir. Quelquefois il y consomme son sacrifice, et quelquefois il échappe au danger. »

Le P. Bouchet écrit des Indes : « Notre mission est plus florissante que jamais; nous avons eu quatre grandes persécutions cette année. »

Tels ont été les missionnaires. Ils se condamnaient au bagne, vivaient au milieu des pestiférés et louaient Dieu de leur envoyer la persécution.

Ce qu'ils ont été, les missionnaires le sont toujours. Nous voulons le prouver non par un raisonnement, mais par la correspondance de ces religieux. Les documents que nous avons sous les yeux sont inédits, et nous considérons comme un devoir de ne pas laisser dans l'oubli des faits aussi glorieux pour la patrie que pour l'Église.

II

Les troubles qui affligèrent la France au mois de
juin 1848 soulevèrent la question des établissements
pénitentiaires extérieurs. Justement effrayé des périls
que pouvait faire naître la présence de criminels en-
durcis, le gouvernement chercha un moyen d'éloigner
les éléments dangereux : de là vint la loi du 8 juin 1850,
qui désignait les îles Noukaïva et Waïtahu comme siège
de la déportation à deux degrés.

Plus tard, à la fin de 1850, la question était reprise
à un point de vue plus général. Cette fois, c'était une
réforme pénale que l'on se proposait de réaliser ; à
l'exemple de l'Angleterre, la France espérait employer
les condamnés aux utiles travaux de la colonisation. On
voulait ainsi donner des garanties sérieuses à la sécurité
publique, rendre la répression plus humaine et la mo-
raliser.

Le projet n'allait pas tout d'abord jusqu'à substituer la déportation à la peine des travaux forcés; il la combinait avec cette peine et en faisait en quelque sorte un refuge pour le repentir, et le point de départ d'une nouvelle existence honnête et laborieuse.

Au mois de février 1851, une commission présidée par l'amiral de Mackau désigna la Guyane comme la colonie la plus convenable pour la déportation. Seule cette colonie avait assez d'étendue pour se prêter au développement indéfini d'une immigration pénitentiaire.

La mesure récente de l'émancipation avait consommé la ruine des exploitations agricoles et de tous les habitants de la Guyane; les affranchis, abandonnant en masse les ateliers, s'étaient misérablement établis sur divers points, et le pays se dépeuplait rapidement.

Après de nouveaux troubles politiques en France, un décret-loi du 8 décembre 1851 donna au gouvernement la faculté de transporter pour cinq ans au moins et pour dix ans au plus, soit à Cayenne, soit en Algérie, les individus placés sous la surveillance de la haute police, reconnus coupables de rupture de ban ou d'avoir fait partie d'une société secrète; les conséquences de la déportation étaient l'obligation du travail sur un établissement pénitentiaire, la privation des droits civils et politiques, enfin l'assujettissement à la juridiction militaire.

L'exil à la Guyane fut réservé pour les repris de justice et pour les individus que les commissions militaires désignaient comme plus particulièrement dangereux.

Le gouvernement traça, dès l'origine, une ligne de démarcation entre le déporté dit politique et le criminel ordinaire.

Le 20 février 1852, le gouvernement offrit la transportation aux forçats en cours de peine. Plus de trois mille d'entre eux l'acceptèrent spontanément comme une faveur. C'en était une en effet, car l'accouplement n'aurait plus lieu, les condamnés ne porteraient pas la chaîne et cesseraient d'être attachés la nuit. Une liberté relative les attendait donc au delà des mers.

Ce système nouveau fut complété par la loi du 30 mai. D'après cette loi, les hommes sont employés aux travaux de la terre et aux travaux d'utilité publique; c'est l'accomplissement de la peine. Après deux ans de bonne conduite, ils peuvent travailler comme engagés hors du pénitencier, ou contracter un mariage et obtenir une concession de terrain : ici commence la réhabilitation. Après dix ans, la concession devient définitive. Là finit l'épreuve, et le forçat devient colon. Les familles des condamnés peuvent aller les rejoindre.

Le législateur pouvait et devait même espérer que la famille et la perspective de la propriété feraient oublier la France à ceux qu'avait flétris la justice.

Ce decret eût été tout à l'avantage du déporté si une disposition n'avait protégé la mère patrie contre le retour trop prompt de l'ancien forçat. Cette disposition astreint les libérés à rester dans la colonie, savoir : ceux qui ont été condamnés à moins de huit ans de travaux forcés, pour un temps égal à la durée de leur peine; ceux qui ont été condamnés à huit ans et au delà, pour toute leur vie. C'est, en réalité, sur cette disposition que reposait la réforme générale.

Le législateur n'avait pas tenu compte de la répugnance qu'éprouve le Français pour l'expatriation. Il n'avait pas mesuré l'étendue de l'horreur qu'ont les plus grands criminels pour la transportation. L'expérience a démontré que les condamnés astreints à une résidence temporaire refusent formellement de travailler à la colonisation.

Les philanthropes ont souvent déploré le sort réservé aux forçats libérés. Quel que soit, dit-on, leur repentir, ils sont repoussés des ateliers, et nul ne leur tend une main secourable. Les poètes et les romanciers ont abusé de cette situation pour peindre de sombres tableaux où l'honnête homme n'occupe pas le premier plan. Le décret du 27 mars 1852 offrit un asile aux condamnés libérés en France. La Guyane devait les arracher à la misère et aux dangereuses sollicitations. C'était la transportation volontaire entourée de garanties de bien-être.

On voit combien le gouvernement avait à cœur l'amélioration matérielle des condamnés : nous disons matérielle, car le côté moral de la question semble avoir échappé au législateur.

Nous ne rappellerons pas la marche trop prompte et surtout indécise de transformation. Un certain nombre d'ouvrages ont été publiés sur ce sujet, et cependant le dernier mot n'a pas été dit.

On a lu avec intérêt la *Revue maritime et coloniale*; qui pendant dix-sept ans a discuté les mesures successivement adoptées et rejetées; on a lu le livre intitulé *la Guyane française*, que publiait, en 1867, le capitaine de frégate Bouyer; le public a été charmé d'un ouvrage plein d'esprit et de cœur, dû à la plume d'un officier d'infanterie de marine : *Un Déporté à Cayenne,* par Jusselain. Enfin le ministre de la marine et des colonies a contribué à éclairer la question par des notices sur la *Transportation à la Guyane française et à la Nouvelle-Calédonie.*

Ces récits variés ont donné naissance à des œuvres recommandables qui expriment l'émotion des criminalistes. M. Lepelletier (de la Sarthe) a publié, en 1856, un travail intitulé *Système pénitentiaire complet, ses applications à l'homme déchu dans l'intérêt de la sécurité publique et de la moralisation des condamnés.* Le même écrivain a composé, en outre, un ouvrage qui a pour titre : *Système pénitentiaire : le bagne, la prison cellulaire, la déportation.*

On a lu aussi du marquis de Blosseville : *Histoire de la colonisation pénale et de l'établissement de l'Angleterre en Australie.*

M. Alauzet a jeté une lumière sur la question par son livre : *Essai sur les peines et le système pénitentiaire.*

La réforme introduite en France avait été préparée par M. Ducpétiaux, qui, en 1838, avait publié à Bruxelles ses trois remarquables volumes : *Du Progrès de l'état actuel de la réforme pénitentiaire et des institutions préventives aux États-Unis, en France, en Suisse, en Angleterre et en Belgique.*

L'Allemagne ne restait pas étrangère à ce grand mouvement des esprits, et ses livres ne sont pas les moins intéressants.

C'est comme un concert de voix attendries par la pitié. Le criminel est entouré de soins, et la société semble l'absoudre du mal qu'elle en a reçu; elle adoucit le châtiment; elle voudrait moins punir que corriger.

La philanthropie se multiplie, fait appel à toutes les sciences humaines, et va jusqu'à négliger les intérêts de la société.

Plus on médite, plus le trouble envahit l'esprit. C'est un spectacle étrange, en effet, que celui de cette lutte entre le bien toujours clément et le mal sans cesse ardent, aveugle, insensible, acharné contre les propriétés et les personnes.

Après avoir lu tant de livres inspirés par la bonté, on ne peut s'empêcher de comparer les efforts tentés aux résultats obtenus. Alors un étonnement immense saisit l'observateur de bonne foi, et, s'il descend dans sa conscience, il reconnaît que les routes suivies ont été loin de conduire au but désiré.

La charité laisse loin derrière elle cette science dont nous sommes fiers, et que nous nommons la philanthropie.

Celle-ci agit sur l'homme physique; elle adoucit son sort, prodigue les promesses, et laisse entrevoir la réhabilitation sociale; elle fait travailler les bras afin d'éloigner l'oisiveté. Ces efforts méritent des éloges

Les philanthropes n'oublient qu'une chose, l'âme du criminel : ils oublient que notre religion peut seule relever l'homme déchu; que seule elle sait purifier l'âme souillée par le crime; ils oublient que, si les hommes promettent l'oubli, Dieu seul accorde le pardon au véritable repentir.

Il est une espérance bien au-dessus des espoirs de liberté, c'est l'espérance d'une autre vie.

Entre le criminel et la société qui a le droit et le devoir de punir, il y aura toujours des abîmes que rien ne saurait combler. Ces livres écrits par des jurisconsultes, des législateurs, des philosophes, des docteurs nourris des sciences humaines, prouvent leur impuissance : tous, hommes d'État et publicistes, se sont mis à l'œuvre, tous ont consacré de longues veilles à la solution du terrible problème, et chacun sait aujourd'hui que les essais ont été infructueux. La société a toujours devant elle l'assassin, l'incendiaire, l'empoisonneur. Un criminel est atteint par le châtiment qu'inflige la loi, mais le crime échappe au juge. On ne se lasse ni d'un côté ni de l'autre; la peine qui a flétri le corps a flétri l'âme en même temps. Des geôliers, des fers, des prisons cellulaires avec leur folie, des existences en commun avec leurs corruptions et leurs complots, n'atteignent que la chair : elle souffre, elle tressaille sous l'instinct de la révolte.

Comment se fait-il que tant d'écrivains, gens de bien, n'aient pas songé que la charité chrétienne trouverait dans les corps meurtris des âmes qui ont besoin de l'espérance.

Si nous avons rappelé comment la transportation à la Guyane succéda au bagne de Brest et de Toulon; si

nous avons montré les efforts tentés par le gouvernement pour adoucir le sort du condamné, nous voulions
seulement placer dans son cadre naturel un récit trop
ignoré. Les réflexions qui précèdent trouveront dans
ce qui va suivre un témoignage que ne repousseront
pas les hommes de bonne foi.

Nous présenterons la déportation sous des aspects
nouveaux. Les écrivains qui se sont occupés de la question ont, trop souvent, oublié le déporté pour s'occuper
de la législation ; les théories ont fait oublier la mise en
pratique. Seuls les missionnaires ont constamment
vécu avec les condamnés ; ils les ont entendus ; ils leur
ont parlé, ont écouté leurs confidences et vu couler
leurs larmes à l'heure de la mort. La correspondance
des missionnaires embrasse non seulement l'ensemble,
mais encore les moindres détails de cette question qui
est loin d'être résolue.

Après un éloge des jésuites aumôniers, éloge sur
lequel nous aurons à revenir, M. Jusselain ajoute : « Si
jamais une étude sur la transportation à la Guyane,
curieuse au point de vue psychologique, est écrite un
jour, ce sera évidemment par un de ces missionnaires. »

La correspondance des pères de la compagnie de
Jésus vient utilement tenir lieu de cette étude, en
attendant qu'une voix réellement autorisée accomplisse
le vœu exprimé par les hommes de toutes conditions
qui ont vu les jésuites à l'œuvre sur le terrain de la
transportation.

Ces correspondances parlent souvent au passé et plus

souvent encore au présent, lorsque le révérend père écrit au jour le jour. Nous n'attacherons à la forme, qu'une importance secondaire, nous bornant à fondre pour ainsi dire, dans un même moule des éléments réunis à diverses époques.

III

Longuement méditée, la loi sur la transportation semblait avoir tout prévu. On y trouvait des règlements sur le costume, sur l'ameublement des camps et sur les services matériels les plus modestes.

On reconnut enfin que la religion avait été oubliée. Législateurs et administrateurs ignoraient-ils que l'Église seule possède le secret de toute rédemption, de toute moralisation ? Cependant on lisait dans le rapport de M. Théodore Ducos : « Un aumônier sera attaché à chacun des camps des transportés. L'instruction religieuse entrera ainsi largement dans le régime du pénitencier, et la parole des ministres de l'Évangile exercera son influence salutaire sur la réforme des coupables destinés à peupler notre colonie. »

La loi ne tint pas compte de cette heureuse pensée. En France la loi est athée, comme l'a hautement proclamé un législateur, M. Odilon Barrot.

Des plaintes se mêlèrent aux regrets, et le gouvernement ne fut pas sourd aux vœux hautement exprimés par les condamnés eux-mêmes. Il prit la résolution d'envoyer quelques aumôniers pour le service de la déportation.

Les ministres firent appel au zèle et au dévouement de plusieurs congrégations religieuses : aux Pères du Saint-Esprit d'abord, qui eurent la douleur de ne pouvoir répondre à ce désir; ils n'étaient pas en mesure. Les lazaristes durent faire la même réponse ; les uns et les autres craignaient de ne pouvoir fournir un personnel assez nombreux pour se renouveler souvent à des époques indéterminées. Le gouvernement s'adressa dès lors à des membres du clergé séculier; mais le nombre des prêtres pour le service des paroisses n'était déjà que trop insuffisant.

Il faut reconnaître que, pour une telle mission, les difficultés étaient grandes; le climat dévorant de la Guyane exigeait autant de courage que de santé ; et l'existence au milieu des forçats effrayait les natures timides qui redoutaient une agonie morale plus encore que le martyre.

Le gouvernement avait-il oublié les jésuites? Nous ne savons. Leur nom ne fut même pas prononcé : ils vinrent spontanément. Le gouvernement hésita. Le ministre de la marine prit la parole au conseil et dit : « Il faut une corporation qui nous donne des prêtres capables et dévoués, qui fournisse le nombre d'aumôniers nécessaires, remplace promptement les morts sans observations. Eh bien, désignez-moi une autre corpo-

ration qui nous offre les garanties autant que les jésuites, et je lui donnerai la préférence. »

L'offre des jésuites fut enfin acceptée.

Ce n'était pas la première fois que le jésuite secou-
rait le forçat. En 1849, vingt religieux de la compagnie
de Jésus avaient prêché une mission aux bagnes de
Toulon, de Brest et de Rochefort; on ne saurait dire
les prodigieux succès de cette mission. La parole des
pères avait trouvé de l'écho dans les cœurs ravagés, et
leurs noms étaient en vénération parmi les réprouvés.

Difficiles, délicates et pénibles, ces missions au
bagne n'étaient que passagères; le missionnaire, après
avoir respiré l'air du bagne, allait dans les églises de
la cité puiser de nouvelles forces pour le combat du
lendemain. Cette mission du bagne ne brisait pas les
liens qui soutiennent la marche ici-bas : le religieux
conservait sa cellule, ses livres, son labeur; enfin il
ne disait pas un adieu, peut-être éternel, à la patrie.

Nous savons, il est vrai, que le missionnaire ne
goûte jamais un instant de repos. Ses pieds sont toujours dans les sandales du voyageur, et le bâton de
l'exilé est sans cesse près de sa main.

Cette fois le voyage devait être cruel : il fallait aller
au loin chercher une terre dont on ne savait que les
rigueurs; il fallait vivre de la vie des forçats. Le sacrifice était immense car en réalité, le jésuite se
condamnait à la déportation.

Lorsqu'il fallut désigner les aumôniers de la Guyane,
le provincial éprouva de sérieuses difficultés; on devait choisir parmi les pères, et tous se présentaient.

Il en est ainsi dans la compagnie de Jésus; plus une entreprise est difficile, pénible et périlleuse, plus aussi les pères la recherchent. Ils sont comme les soldats à l'heure de l'assaut, chacun veut marcher en avant.

Un premier départ, poste d'avant-garde, eut lieu le 31 mars. La corvette *l'Allier* quitta Brest pour se rendre à Cayenne, emportant le commissaire général, interprète de la pensée du gouvernement, et trois cent un forçats. Mais le départ, qui ne précédait que de vingt-cinq jours celui des missionnaires, n'avait pour but que d'envoyer le commissaire général au point de débarquement avant l'arrivée des transportés.

Le 25 avril 1852, la frégate *la Forte* partit de Brest pour Cayenne. Le ministre de la marine voulut que la moitié du personnel de l'aumônerie fût de cette traversée. Le père Hus, nommé supérieur de la mission nouvelle, accourut avec les pères Ringot et Morez, accompagnés de deux frères coadjuteurs.

La frégate portait sept cent quatre-vingt-trois personnes : une vingtaine de passagers, des soldats, des surveillants, des gendarmes, trente condamnés dits politiques, deux cent quarante forçats libérés venus volontairement et trois cent soixante forçats pris dans les bagnes; il y avait aussi quelques femmes et enfants, familles des surveillants.

Le navire renfermait dans ses flancs d'énormes provisions de toutes sortes : farine, vin et vivres non seulement pour les passagers, mais encore pour l'approvisionnement des îles désertes où devait s'opérer le débarquement.

On ne devait donc rien trouver que la terre pour y poser les pieds. Cependant l'illusion de tous était complète. Le gouvernement lui-même avait accepté l'erreur commune; bien plus, il l'encourageait. Les jésuites étaient seuls à connaître la vérité. Autrefois leurs aînés, missionnaires à la Guyane, s'étaient rendu un compte exact de la situation du pays; ils en connaissaient le climat meurtrier, les ressources bornées et les immenses difficultés de la colonisation. Les archives de leurs maisons avaient appris aux jésuites qui partaient combien leurs épreuves seraient douloureuses.

Cependant, le jour même de l'embarquement, le P. Hus écrivit au révérend père provincial : « Nous avons reçu l'ordre de nous embarquer ce soir. Nous sommes tous les cinq pleins de joie d'avoir été jugés dignes de souffrir quelque chose pour le nom de Jésus. Demandez et faites demander à Dieu qu'il daigne nous maintenir dans ces bonnes dispositions. Brest, 24 avril 1852. »

Le capitaine de frégate Bouet (aîné) commandait le navire; il avait droit de vie et de mort sur les rebelles.

Réunis sur la plage, les cinq jésuites assistèrent au défilé. Les déportés marchaient sur deux rangs, joyeux et presque fiers, car ils avaient dépouillé la honteuse livrée du bagne. Débarrassés de la chaîne, ils ne portaient qu'un anneau de fer nommé manille, soudé au-dessus de la cheville. Leur nouveau vêtement consistait en un bonnet de laine bleue ou noire suivant que leur peine était temporaire ou à vie, une capote et un pantalon de drap gris. Leur linge, de forte toile et de belle apparence, apparaissait dans toute sa blancheur.

Tout en marchant, les condamnés entonnaient le *Chant des déportés*. Ils promenaient autour d'eux d'avides regards, mais sans insolence ni forfanterie; en reconnaissant les jésuites, la plupart saluaient de la tête, quelques-uns souriaient avec une visible satisfaction. Seuls les condamnés dits politiques se montraient hostiles aux religieux. Les gardes-chiourme, qui désormais se nommaient surveillants, ne parlaient qu'avec une sorte de douceur relative. Le tutoiement, jusque-là ordonné au bagne, était défendu avec les déportés. Le transporté volontaire se montrait particulièrement satisfait; il se voyait à l'abri de la honte et du mépris, entrevoyait dans un avenir prochain le sort d'un propriétaire entouré de sa famille. Cette fois, la famille lui devrait son bien-être et même la fortune. C'était une existence nouvelle, une sorte de résurrection. Aussi cette catégorie, qui sentait l'espérance entrer dans son cœur, était-elle bien préparée pour la foi.

En arrivant sur le pont du navire, les visages se rembrunirent. Il y avait là un monceau de chaînes, de boulets, d'entraves, de cordes à nœud, que du premier coup d'œil tous reconnurent pour des instruments de correction. Ce sentiment douloureux ne dura qu'un instant. Les vagues battaient les flancs de la frégate qui se balançait sur les flots, la brise se jouait dans les cordages, et tous saluaient les horizons lointains. Nul alors ne savait combien on

pleurerait les rivages de France abandonnés sans regrets.

Le navire avait été disposé de manière à séparer les
diverses catégories. Deux salles immenses en longueur
s'étendaient sur le bâtiment. De fortes grilles en fer les
fermaient aux extrémités. Entre ces salles, un large
corridor toujours éclairé au moyen de lanternes marines était occupé par des sentinelles armées. Les
barreaux de fer qui garnissaient les sabords rappe-
laient le sinistre aspect des prisons.

Frappé de ce spectacle nouveau pour lui, le R. P. Hus
écrivit : « Figurez-vous trois cent soixante hommes
installés au faux-pont dans un espace si étroit, que
pour se coucher il fallait absolument le remplir de
deux rangs de hamacs placés l'un sur l'autre ; et sup-
posez que nous ayons eu pluie ou grand vent : la
pluie les eût empêchés de venir sur le pont, ce qu'ils
ont fait tous les jours par bandes qui se succédaient
d'heure en heure et ramenaient les mêmes individus
au moins trois fois le jour ; le grand vent eût forcé à
fermer toutes les ouvertures de leur prison. Combien
avons-nous été heureux de passer nos journées presque
entières sur la dunette, et d'y trouver durant les dernières nuits un peu de rafraîchissement ! La sueur nous
ruisselait sur le corps, dès que nous étions restés dix
minutes dans la cabine. »

Quelque bornée que fût la vue, un certain nombre
de déportés demeuraient des journées entières le visage
entre les barreaux de la grille, et les mains crispées
sur le fer.

Le R. P. Morez, embarqué sur la frégate *la Forte*, écrivait :

« Parmi nos forçats, les uns jouaient des instruments, d'autres confectionnaient des chapeaux de paille...; d'autres maniaient l'aiguille, le marteau ou le ciseau,..., tandis que les déportés politiques paraissaient livrés aux plus profondes méditations en regardant tristement la frégate qui fendait les flots et les emportait à plus de deux mille lieues. »

Aveuglés par la vanité, généralement peu intelligente, dominés par la paresse, les déportés dits politiques semblaient mal disposés en faveur des aumôniers. Ils se montraient presque tous plus ennemis de la religion que les assassins et les incendiaires ; les criminels ordinaires acceptaient avec reconnaissance les secours de la religion.

Dès le premier jour, les missionnaires avaient commencé l'exercice de leur ministère. Lorsqu'ils se furent mis en rapport avec les transportés, ceux-ci se montrèrent fort sensibles aux intentions dont ils étaient l'objet. Leur joie devint bruyante en apprenant que les pères jésuites n'étaient pas les aumôniers du navire embarqués pour la traversée seulement, mais qu'ils se donnaient à eux et qu'ils partageraient leur exil.

Quelque pervertis que fussent ces hommes, il n'y en eut pas un seul qui ne se sentît touché par la seule pensée du sacrifice qui s'accomplissait. Ces religieux allaient vivre et mourir avec des malheureux, maudits et méprisés. Cette pensée fit naître mille sentiments divers où l'admiration se mêlait à la reconnaissance.

« Vous verrez, disaient les forçats aux jésuites, que
nous ne sommes pas aussi méchants qu'on le pense.
Vous serez nos pères comme dans les missions de Brest
et de Toulon. Nous vous obéirons de bon cœur. Nous
vous bâtirons de belles églises dans les villes que
nous allons créer. Vous serez heureux au milieu de
nous. Vous serez nos protecteurs. Nous avons accepté
de confiance l'exil de Cayenne, sans savoir ce qui nous
attend ; mais , dès que vous êtes avec nous, nous sommes
rassurés. »

Une semaine ne s'était pas écoulée que l'ascendant
des pères avait pris un grand caractère : les prières
publiques, les offices du dimanche se faisaient à bord
comme dans la paroisse la plus édifiante. Le jour consacré à la prière et au repos, la messe se célébrait so-
lennellement sur le pont du navire, en présence de
l'état-major, de tout l'équipage et des condamnés. Les
pavillons des diverses nations, réunis par des cordages,
formaient un sanctuaire qui abritait le prêtre et l'autel
improvisé par les matelots ; plusieurs forçats, excel-
lents musiciens, chantaient les louanges de Dieu, et
leurs voix se mêlaient au mugissement des vagues.

La prière du soir à bord d'un vaisseau est une des
belles inspirations de Chateaubriand. Il nous montre
les marins invoquant l'*Étoile de la mer*. C'est là un spectacle supérieur aux poésies de la terre ; mais un spectacle plus grand encore est celui de six cents hommes
couverts de crimes que la loi a condamnés au silence ,
qu'elle a chargés de chaînes, enfermés sous des barreaux de fer, et qui, libres au milieu de l'Océan,

élèvent leur voix vers Dieu, et dans une prière reten-
tissante implorent leur pardon.

Un philosophe du premier siècle après Jésus-Christ,
Philon, avait décrit avant Chateaubriand la scène sublime dont les missionnaires furent témoins. « Le
ciel, lambrissé d'étoiles, dit Philon, étend la voûte
régulière et spacieuse de ce temple ; le soleil ou les
millions de feux dont cette voûte étincelle pendant la
nuit en sont les lampes sacrées, les brillants, les doux
luminaires, et toutes les créatures en sont les offran-
des... » Philon avait sans doute appris ces choses dans
l'église primitive d'Alexandrie.

Deux fois par jour les pères récitaient à haute voix
les prières au milieu des transportés, et le soir chantaient avec eux les litanies de la sainte Vierge.

Nous lisons dans une lettre du P. Ringot : « Le
personnel du bord est excellent, poli, prévenant. Je
dois cette justice à nos chers condamnés qu'ils ne sont
pas les moins sages. Chacun admire leur docilité, leur
bon esprit, leur bonne conduite à tous égards. »

Le commandant de la Forte fit un rapport très flatteur
sur le début de l'aumônerie.

Le P. Hus dit de son côté : « Les transportés prê-
taient à nos entretiens une oreille non seulement
attentive, mais avide. Dès qu'ils furent certains que
nous ne les accompagnions pas seulement dans la traversée, mais que nous venions pour être leurs compagnons à perpétuité, ils éclatèrent à l'envi en témoignages de reconnaissance et en expressions de dévouement ; ils nous proposaient de garder tout ce qu'ils

avaient de précieux ou de cher à leur cœur; ils nous promettaient merveille de leur conduite à venir. »

Le même missionnaire écrit le 21 juin : « Les verrous crient; nous entrons : tous nous entourent avec un air de satisfaction impossible à décrire : « Ah ! nos pères ! s'écrient à la fois cent bouches souriantes, vous venez donc avec nous ! Mais resterez-vous?... — Oui, oui, nos bons amis, nous ne vous quitterons jamais ! — Eh bien, vous verrez que nous ne sommes pas méchants... Nous serons vos enfants... Vous serez heureux avec nous. »

Le 16 mai, le P. Ringot écrivait à son frère le P. Florent Ringot : « Ils sont pleins de confiance en ceux qu'ils appellent leurs pères. Quel n'a pas été leur bonheur lorsque, apparaissanit au milieu d'eux, je leur dis que nous allions vivre et mourir avec eux et pour eux ! »

Digne martyr qui de la frégate écriviez ces paroles de charité, vous disiez vrai, car vous alliez mourir pour eux !

Les restes mortels du P. Ringot reposent à l'île Royale, près des tombes si nombreuses de ceux qu'il nommait ses enfants; mais n'anticipons pas sur les douloureux événements qui nous attendent avant le terme de ce récit.

Un jour, pendant la traversée, l'aide de camp du commandant adressa aux déportés une demande qui fut repoussée par la plupart d'entre eux. « Je leur en dis un tout petit mot, écrit le P. Ringot. « Vous pensez donc, répondirent-ils, que nous devons l'ac-

corder? — Oui, mes amis, c'est pour votre bien.
— Oh! alors, nous allons le faire, puisque vous le
dites. »

Le P. Hus ne tarde pas à être effrayé des illusions
que caressent les déportés. Ils parlent sans cesse du
bonheur qui les attend sur ces rivages lointains. Le
mot liberté est toujours sur leurs lèvres. Eux, condamnés à traîner la chaîne sous le regard menaçant
du garde-chiourme, eux, enfermés dans les murs du
port, ils vont voir devant eux d'immenses espaces
éclairés par le soleil, ils vont travailler et se reposer
à l'ombre des forêts vierges. Les fruits de la terre vont
se multiplier sous leurs mains ; ils vont enfin se créer
une patrie nouvelle! Tels étaient leurs rêves de tous
les instants. Les missionnaires, qui étaient leurs confi-
dents, n'osaient les détromper ; ils se bornaient à
modérer cet enthousiasme enfantin. Plus la frégate
approchait de la Guyane, plus aussi les imaginations
s'exaltaient. En présence de ces joies intimes, de ces
espérances, de ces rêves, les missionnaires souriaient
tristement et disaient : « Le bonheur est au ciel et non
sur la terre. » Où allaient ces hommes? Quel sort les
attendait? Tous l'ignoraient ; le gouvernement lui-
même était loin de connaître la vérité. Mais, nous
l'avons dit, les jésuites, instruits par l'expérience
de leur ordre, éclairés par l'étude, savaient ce qu'était
la Guyane.

Dans une conversation sur le pont de la frégate *la
Forte*, un missionnaire disait au passager qui a bien
voulu nous confier ces notes :

« L'aspect de la Guyane est plein de séductions et de
promesses. La nature semble avoir doté cette terre de
toutes les richesses : un climat sans hiver, une végétation splendide qui ne se repose jamais, des cours
d'eau nombreux, des forêts sans limites, un sol qui
donne spontanément la plupart des produits coloniaux ;
mais aussi une terre où l'Européen ne trouve aucune
des choses qui forment la base de son alimentation
habituelle, où il ne peut vivre, pour ainsi dire, qu'in-
dustriellement et par le moyen des échanges, où le
travail assidu est dangereux, où les maladies règnent
souverainement en frappant les Européens... En accom-
pagnant les malheureux forçats, nous savons où nous
allons. Nous retrouverons à la Guyane les tombes de
nos pères, et nous n'ignorons pas le sort qui nous
attend. »

IV

Un homme d'esprit, écrivant à son heure, M. Armand Jusselain, officier d'infanterie de marine, reçut un jour l'ordre de se rendre à Cayenne. Le pays lui étant inconnu, l'officier se mit en quête de renseignements dans cette ville de Paris qui sait tant de choses. Comme, à tout prendre, il s'agissait d'une colonie française, Armand Jusselain crut qu'il serait facile de tout savoir sur la Guyane.

Ce fut en vain qu'il interrogea les géographes et les voyageurs. Un soir, rentrant au logis aussi peu éclairé que la veille, il écrivit dans son journal : « Après des raisons fort spécieuses à l'appui de leur dire : c'est un enfer, concluent les uns ; c'est un paradis, affirment les autres. »

Afin d'échapper à l'incertitude, Jusselain eut recours à la bibliothèque la plus riche du monde, espérant y découvrir la vérité. Il vit dans quelques livres que « le pays est très sain même pour les Européens, qu'il jouit d'une fertilité extraordinaire, etc. etc. »

Dans l'ouvrage de Barbé-Marbois : *Journal d'un déporté*, l'officier eut la douleur de lire : « La Guyane est pour notre race une vaste infirmerie, où tout l'art du médecin consiste à retarder la mort du malade. »

Nous avons fait comme Jusselain, et sans plus de succès. Nous nous bornerons donc à puiser dans la correspondance des missionnaires. Le lecteur conclura lorsque les faits se seront déroulés sous ses yeux.

Pendant que les déportés sont encore sur l'Océan, mettons à profit les longues heures de la traversée pour donner quelques détails géographiques sur la Guyane.

Située entre le 2ᵉ et le 6ᵉ degré de latitude nord, et entre le 52ᵉ et le 57ᵉ degré de longitude ouest, la Guyane française occupe le vaste espace qui sépare l'Orénoque du fleuve des Amazones.

La Guyane est éloignée de Brest d'environ 1300 lieues marines.

L'Atlantique la borne au nord-est; le Maroni, qui la sépare de la Guyane hollandaise, la borne au nord-est et à l'ouest, ainsi que plusieurs contrées intérieures à peine connues. Sa limite sud-est n'est pas encore déterminée. On ne sait rien de l'intérieur de la Guyane, Le voyage des RR. PP. Grillet et Béchamel, de la compagnie de Jésus, a seul appris au monde savant ce qu'est la contrée jusqu'aux Acoquas (près de 90 lieues de 25 au degré). Ces religieux ont entrepris ce périlleux voyage en 1674.

Le 1ᵉʳ août 1498, Christophe Colomb, qui en était à son troisième voyage en Amérique, découvrit la

Guyane. Améric Vespuce n'y vint que dix mois après.

Un bruit singulier ne tarda pas à se répandre en Europe. L'Espagnol Martinez prétendait avoir découvert à la Guyane une contrée à laquelle il donnait le nom d'*Eldorado*. La capitale, nommée Mansa, était pavée de pierres précieuses; les toits des maisons se composaient d'or et d'argent; les diamants roulaient sous le pied des passants, et la poussière des chemins n'était que poudre d'or; les habitants dédaignaient ces richesses, dont ils ne connaissaient pas la valeur Cette ville, assurait Martinez, était située entre l'Orénoque et le fleuve des Amazones, près de la Parimée.

Entraînés par l'espoir des richesses, de nombreux aventuriers se précipitèrent vers la Guyane dans le courant du XVIᵉ siècle. De ce nombre furent Walter Raleigh en 1597, Laurent Keymis en 1596, Charles Leig en 1604 et Robert Harcourt en 1608. D'intéressants détails sur les coureurs d'aventures ont été publiés par M. Ferdinand Denis.

En 1604, Henri IV voulut établir une colonie à la Guyane. Ce projet allait se réaliser, lorsque le roi fut assassiné.

Des marchands de Rouen reprirent en 1626 l'idée de Henri IV.

La compagnie des Indes occidentales fut établie en 1664; Cayenne avait été fondée en 1643 par Poncet de Bretigny.

Prise et reprise par les Anglais et les Portugais, la Guyane appartenait à la France en 1763. Le gouvernement, décidé à la colonisation, envoya cette même

année douze mille colons volontaires ; quelques-uns
seulement revinrent en France. Tout le reste avait péri
misérablement.

La révolution de 1789 amena, comme dans les autres
colonies, la révolte des noirs ; les exploitations agricoles furent abandonnées.

En 1809, une expédition anglo-portugaise s'empara
de la Guyane, qui pendant neuf ans appartint aux
Portugais. La France ne reprit possession de la colonie qu'en 1817. La population de cette colonie était
seulement de 15,000 âmes.

Deux tentatives pour introduire de nouveaux cultivateurs échouèrent en 1820 et 1821. Celle de 1823
fut aussi désastreuse.

Cependant une colonisation réussit à la Mana et mérite un souvenir. Ce ne furent ni les efforts du gouvernement, ni les puissants intérêts des compagnies
financières, ni même l'intrépidité des aventuriers,
qui purent vaincre des obstacles insurmontables en
apparence.

Une faible femme, simple religieuse, soutenue par
la charité chrétienne, fit plus que les souverains, plus
que les riches, plus que les audacieux. Cette femme,
Mᵐᵉ Javouhey, est la fondatrice de la congrégation des
sœurs de Saint-Joseph de Cluny. Lorsque les colons
de 1823, entièrement découragés, décimés par les
maladies, en proie au désespoir, eurent abandonné la
colonisation de la Mana, la sœur Javouhey continua
l'entreprise en fondant des établissements propres à
servir d'asile aux enfants trouvés. Son plan ayant été

agréé, une expédition composée de trente-six sœurs, trente-neuf cultivateurs engagés pour trois ans, et de quelques enfants, partit en 1828, aux frais de l'État, sous la conduite de Mme Javouhey. En 1831, les cultivateurs abandonnèrent l'établissement; mais la sœur supérieure avait tout prévu. Cette défection ne découragea pa sla sainte femme, qui poursuivit son œuvre avec ardeur. En 1835, le gouvernement décida que les noirs de traite libérés en vertu de la loi du 4 mars 1831, qui se trouvaient alors à la Guyane, seraient successivement envoyés à l'établissement de la Mana pour s'y préparer par le travail aux bienfaits de la liberté. Cinq cent cinquante noirs y furent réunis; les sœurs les instruisirent, les initièrent aüx travaux libres, les moralisèrent et fondèrent un bourg qui a prospéré. Cet établissement fit retour au gouvernement le 1er janvier 1847, et forme depuis cette époque un des beaux quartiers de la colonie. Telle est la puissance de la charité.

L'émancipation des esclaves, en 1848, a porté la ruine dans la colonie en supprimant le travail sur les habitations.

V

Après vingt-quatre jours de navigation, *la Forte*
atteignit la Guyane française. Vers la fin de la dernière semaine, les déportés perdaient un peu de leurs
illusions à l'aspect désolé de la mer. La teinte jau-
nâtre des flots, le brouillard qui voilait l'horizon, une
sorte de tristesse répandue dans l'air, tout contribuait
à imprimer à cette arrivée quelque chose de douloureux, assez semblable au pressentiment du malheur.

La frégate vint mouiller devant les îles du Salut, à
trois lieues du continent et à douze de Cayenne.

Ces îles se nommaient autrefois *îles du Diable*. L'origine de leur nouveau nom fut racontée aux déportés,
qui s'en attristèrent. Lorsqu'en 1763 le duc de Choiseul,
premier ministre de Louis XV, eut formé le projet de
coloniser la Guyane française, douze mille émigrants
y furent transportés. La rigueur du climat, les maladies
et la famine décimèrent la colonie naissante. Les douze
mille malheureux furent bientôt réduits à cinq cents.
Ils abandonnèrent les rivages meurtriers, le désespoir

dans l'âme, pour chercher un asile sur la terre où s'était opéré leur débarquement. Les mères affolées arrachaient les enfants de leur sein, et du haut des rochers les précipitaient dans les torrents; les hommes se donnaient la mort. Enfin ce qui restait de ces infortunés se réfugia aux îles du Diable, non loin de l'embouchure du fleuve Kourou.

En souvenir de l'hospitalité reçue, les débris de l'expédition donnèrent à l'île du Diable le doux nom d'île du Salut.

Trois îles sont groupées et prennent en général le nom d'îles du Salut; mais en réalité l'une est l'île Royale, l'autre l'île du Diable et la troisième l'île Saint-Joseph. On trouve en outre à quatre lieues environ de Cayenne une petite île nommée *îlet la Mère* ou *Paradis de la Guyane*. Cet îlet n'ayant pas été déboisé, le séjour en est aussi sain qu'agréable.

Vers la fin de la transportation, l'*îlet la Mère* fut réservé aux vieillards, aux infirmes et aux incurables de toutes les stations. Les jésuites firent de cette petite terre perdue au milieu des mers une sorte d'oasis que Dieu semblait bénir.

Au point de vue moral et religieux, l'*îlet la Mère* devint le modèle des pénitenciers. L'aumônier était le père, le frère, l'ami, le consolateur, l'unique soutien de ces infortunés. Les déportés lui rendaient en confiance et en affection les témoignages de leur reconnaissance.

L'histoire de cet îlot de 500 mètres de longueur sur 400 mètres de largeur offrirait un immense intérêt au moraliste. Autour de ces religieux, exilés volontaires, se groupaient de vieux criminels dont les hommes avaient désespéré, des infirmes que le vice ou la maladie brisait impitoyablement. Toutes les souffrances du corps, toutes les plaies de l'âme s'étalaient devant ces religieux, épouvantés de tant de maux. Eh bien, les jésuites répandaient un baume divin sur les hontes : de leurs mains tremblantes ils soutenaient ces têtes flétries, de leurs plus douces paroles ils rendaient à ces cœurs desséchés l'espoir du pardon. Le visage calme, ils entendaient les aveux de crimes sans nom; mais d'une main ferme ils montraient le ciel : des sanglots leur répondaient.

Peu à peu tous ces criminels se convertirent, tous se prosternèrent aux pieds des missionnaires.

Oui, la légende de ce coin de terre, témoin de grands miracles, serait une histoire du cœur humain. Ces hommes aux mains sanglantes étaient venus de la vieille Europe, qui les rejetait de son sein. Atteints par la vieillesse et les infirmités, ils allaient être soumis au plus affreux des supplices, à l'abandon, à cette lente agonie pleine de terreurs.

Mais d'autres hommes étaient venus aussi conduits par la charité. Sur le sable du rivage, à la lisière de la forêt, le jour, la nuit, soutenant les pas d'un paralytique, ou assis au chevet d'un mourant, les missionnaires avait lutté contre le mal, et donné à ces malheureux la paix de l'âme et la mort du chrétien.

Que le lecteur nous pardonne si nous ne prêtons pas à ce récit les rapides allures d'un voyage. Mais tout en parcourant l'espace, en franchissant les mers, en foulant les terres lointaines, nous sommes moins attiré vers les objets extérieurs qu'arrêté, pour ainsi dire, devant ces grands sacrifices et ces grandes victoires qui honorent le christianisme tout entier.

Que les philanthropes, que les réformateurs regardent cet îlot marqué sur les cartes par un point presque imperceptible; qu'ils se représentent dans une pauvre cabane un vieillard souillé de crimes, sans famille, sans patrie, maudit, plongé dans les ténèbres de son enfance, et que la mort attend de minute en minute. Près de ce vieillard désespéré se trouve un prêtre, un religieux, un jésuite. Celui-là est savant, il a professé les belles-lettres ou les sciences, sa famille est distinguée, et les honneurs du monde l'attendaient: il a tout abandonné pour sauver l'âme du criminel et consoler son agonie, il donne à cet assassin les doux noms de fils ou de frère.

Vous tous qui prononcez le nom du jésuite avec une pensée mauvaise, voyez ces deux hommes, l'un mourant et l'autre priant.

Revenons à la frégate.

Le lendemain de son arrivée, les passagers purent débarquer.

Voilà donc les missionnaires arrivés à la Guyane. Ce n'était pas la première fois que les jésuites abordaient le rivage. Nous avons sous les yeux un livre publié en 1655 avec ce titre : *Relation sur les missions des pères de la compagnie de Jésus dans les îles et dans la terre ferme de l'Amérique méridionale, par le P. Pierre*

Pelleprat. Il serait difficile de trouver un ouvrage plus instructif à tous les points de vue. Outre les détails relatifs aux missions, le père décrit les mœurs, les habitudes, les qualités et les défauts des indigènes. Le Voyage des PP. Grillet et Béchamel dans l'intérieur de la Guyane est encore consulté par les géographes. Ce récit ne fut imprimé qu'en 1682. Pour se rendre un compte exact des difficultés et des résultats de ces anciennes missions, il faut lire la lettre du P. Lombard, de la compagnie de Jésus, missionnaire dans la Guyane et supérieur de l'établissement de Kourou.

Les efforts des missionnaires eussent été couronnés de succès sans la persécution partie de France, et qui éloigna les jésuites de la Guyane.

Lorsqu'en 1852 le PP. Hus, Ringot et Morez débarquèrent à Cayenne, ils furent heureux de voir que la mémoire de leurs aînés était pieusement conservée sous la case du nègre aussi bien que dans la maison du blanc. Le souvenir des anciens pères se retrouvait à chaque pas. A Cayenne, l'hôtel du gouverneur est leur ancien collège. L'horloge de ce palais est l'œuvre d'un jésuite, et presque toutes les églises et presbytères remontent au temps de leur mission.

L'Érigone partit de Brest le 29 mai, un mois après *la Forte*, et conduisit à la Guyane quatre-vingt-quatorze repris de justice, cent soixante et un forçats et cent quarante-quatre condamnés que les commissions départementales avaient désignés pour la transportation politique, mais dont plus des deux tiers avaient des antécédents judiciaires d'une autre nature.

Avec les trois cent quatre-vingt-dix-neuf déportés se trouvaient trois nouveaux aumôniers et un frère. Ces missionnaires de la compagnie de Jésus étaient les PP. Boulogne, Herviant et Liaigre. Neuf jésuites se trouvaient donc au milieu des déportés avant qu'aucun travail sérieux eût été entrepris.

Le commissaire général, véritable gouverneur, quoiqu'il n'en eût pas le titre, était M. Sardagarriga. Peut-être un administrateur éprouvé aurait-il mis plus de mesure dans ses relations avec les transportés ; peut-être avec une expérience réelle, un caractère sérieux, le chef improvisé de l'entreprise aurait-il évité des fautes cruellement expiées.

Lorsque arrivèrent les premiers condamnés, le commissaire général surexcita des passions qu'il eût été prudent de maintenir dans les bornes de la raison. Après avoir réuni les déportés sur le pont du navire, il leur dit à haute voix : « Mes amis, il n'y a encore que dix jours que je suis dans ce pays ; je n'ai pu le voir qu'imparfaitement ; mais je l'ai vu assez pour pouvoir vous assurer que dans tout son cours le soleil n'en éclaire pas de plus beau et de plus fertile. Or ce pays si magnifique et si *riche est à vous.* Le prince Louis-Napoléon m'envoie ici pour vous *le partager,* et je ne doute pas que ceux d'entre vous qui voudront bien se conduire et travailler *un peu* ne soient, dans quelques années, propriétaires chacun d'un vaste, *riche et très beau domaine...* »

Le commissaire général poursuivit ainsi son discours, annonçant qu'il allait choisir *les sites les plus agréables* pour l'installation de ces hommes frappés par la loi pour attentat envers la société.

Ce n'est pas là le langage de l'autorité véritable. Lorsqu'elle parle, surtout à un tel public, l'autorité doit se montrer ferme avant tout : la bonté ne doit passer qu'après la sévérité, et la justice doit surtout dominer.

S'il n'avait ignoré le passé de la Guyane, le commissaire général aurait été effrayé des immenses difficultés qu'il fallait vaincre.

Éblouis, fascinés, complétement égarés par de folles promesses, les déportés oublièrent ce qu'ils étaient et pensèrent que la société pouvait bien les redouter.

Le chef de la colonie et ses subordonnés auraient dû se montrer froids, silencieux, justes et sévères; il fallait laisser aux missionnaires le charme de la charité, les soins de la réhabilitation et le langage du pardon. Dieu peut se montrer miséricordieux même envers le crime; les droits de la société ne vont pas jusque-là.

L'activité fut prodigieuse pendant les premiers jours; mais le découragement ne tarda pas à venir. Bientôt il fallut reprendre le travail forcé et la longue série des châtiments.

Un transporté qui avait occupé dans le monde une honorable situation, Chassagnol, mort depuis, dépeint ainsi le sentiment de ses compagnons nouvellement débarqués : « On ne saurait rendre l'impression produite par la vue des régions intertropicales, lorsqu'elles se présentent pour la première fois. Tout est nouveau : le ciel, la terre, les arbres, les fleurs, les animaux.

L'Européen ne peut se lasser de contempler ces palmistes gigantesques balançant à la brise leurs majestueux et ondoyants panaches, les feuilles étranges du bananier, les grappes énormes de ses fruits, les fleurs de toutes les nuances, offrant les couleurs les plus riches et les plus variées, les lianes grimpant, s'élançant, se croisant et formant les plus capricieux dessins; l'oiseau-mouche, le colibri volant d'une fleur à l'autre, se cachant dans leur calice et qu'on prendrait eux-mêmes pour des fleurs, n'était leur mouvement perpétuel que l'œil a peine à suivre.

« Ce qui frappe le plus, ce sont les arbres, sur lesquels on voit en même temps des fleurs, des boutons, des fruits à demi formés et des fruits en pleine maturité. La végétation n'arrête jamais dans ces contrées, où il n'y a, pour ainsi dire, qu'une saison, l'été. L'hivernage, il est vrai, amène des pluies folles pendant plusieurs mois de l'année; mais alors la chaleur est presque aussi intense que dans le temps de la sécheresse. Pour qui visiterait la Guyane en courant, elle ne saurait manquer de le séduire par ses rivières immenses, ses forêts anciennes comme le sol qui les porte, ses fruits si savoureux, si rafraîchissants, ses fleuves si splendides, ses animaux innombrables, dans les plumages et dans les fourrures desquels brillent les plus belles couleurs. Vraiment le Seigneur est admirable dans toutes ses œuvres. »

Laissons la parole au P. Morez. « Dès le lendemain de l'arrivée, les cinq missionnaires ont reçu l'ordre de débarquer. Un bateau à vapeur partant alors pour

Cayenne, le R. P. Hus, notre supérieur, le P. Ringot et le frère Schmoderer y ont pris place immédiatement pour aller s'entendre au sujet de notre mission avec le gouverneur et le préfet apostolique, et moi je suis resté seul aux îles du Salut avec le frère Futsch, parmi sept cents forçats déchaînés. Cependant pour nous le plus grand danger n'était pas de leur côté.

« La pluie tombait par torrents... A côté des nuages, le soleil des tropiques dardait ses perfides rayons ; des serpents circulaient..., et nous n'avions pas d'abri pour nous garantir contre la pluie, le soleil et les reptiles. Il y avait bien là des cabanes transportées de France... mais ces cabanes gisaient à terre par numéros d'ordre ; elles n'étaient pas montées : on avait attendu les condamnés pour le faire. Et nous, avec nos chers forçats, nous étions là, comptant sur ces abris !... »

Des maîtres charpentiers venus de Cayenne dirigèrent les travaux, et les cabanes purent enfin recevoir huit cents personnes. Lorsqu'un mois plus tard le P. Herviant s'approcha de l'île, sa surprise fut extrême. Il exprime ainsi son émotion : « On aperçoit sur tous les points, comme dans une ruche d'abeilles, des groupes de travailleurs. On les voit serpenter le long des flancs de la montagne, qui offre elle-même le plus gracieux aspect. Ce sont des bois de toutes les espèces au feuillage vert et nourri... »

L'île Royale pourrait être comparée à l'empreinte d'un pied humain. Le port serait à la cheville interne, seul point où ne règne pas une ceinture de rochers ; le camp des transportés était placé dans la partie antérieure, et se composait de quatre rangées de vastes baraques placées au centre. L'église et le presbytère se trouvaient sur le flanc de ces baraques. Un peu en arrière se voyaient la pharmacie, la buanderie, le phare, les cuisines et deux puits. Un mur d'enceinte avait été élevé à la séparation du pied et du talon. Ce talon renfermait la boulangerie, le magasin général, la cambuse, le mât des signaux, les ateliers du port, la machine distillatoire pour l'eau salée, les puits-lavoirs, ainsi que les logements du commandant supérieur, du commissaire et des officiers de santé.

Le P. Morez, resté à l'île Royale, écrit ces lignes : « Le dimanche j'ai dit la sainte messe et prêché dans l'une des cabanes devant six ou sept cents auditeurs. Bientôt, à côté de cette cabane-église, on a vu s'élever comme par enchantement la cabane-hôpital, la cabane-pharmacie, la cabane-lingerie et une foule d'autres disposées en rues. Aujourd'hui la cabane-hôpital est desservie par six excellentes sœurs venues de France. La cabane-presbytère est habitée par le P. Ringot, qui est venu me remplacer... et m'a envoyé à Cayenne. »

La demeure du missionnaire n'était pas séparée des condamnés par le mur d'enceinte, et le prêtre vivait nuit et jour au milieu de cette population, considérée par les employés du gouvernement comme fort dangereuse.

Ce ne fut pas sans des efforts inouïs que l'île Royale devint habitable : il fallait abattre une vaste forêt séculaire. On traça d'abord le chemin qui devait conduire

au sommet de l'île. Elle est formée de deux plateaux
d'inégale grandeur : le plus vaste fut choisi pour l'établissement des déportés ; des arbres énormes, des lianes
entrelacées, d'épaisses broussailles, enfin une végétation serrée, épaisse, inconnue en Europe, couvrait
le sol et semblait le protéger. Les travailleurs marchaient pas à pas, la hache en main, brisant tous les
obstacles. Il fallut ensuite niveler le plateau, travail
rendu difficile par les rochers que la mine seule pouvait détruire.

Quinze jours suffirent à cette conquête gigantesque ;
il est vrai que les bras étaient nombreux. Les cases s'é-
levèrent comme par enchantement. Le pourtour de l'île
et même une partie du talon demeurèrent couverts
d'arbres dont les fourrés étaient impénétrables. Un
chemin de ronde contourna l'île, et quelques sentiers
furent tracés.

Hélas ! cette activité fébrile fut de courte durée. Elle
allait disparaître pour toujours.

Il y avait dans la transportation des hommes appartenant à diverses catégories. On sépara les catégories,
autant dans l'intérêt des transportés que dans celui de
la société et de la discipline.

La première catégorie fut celle des condamnés aux
travaux forcés, et la seconde celle des condamnés à la
reclusion.

La troisième catégorie se divisa en deux sections : la
première comprenait les repris de justice, ou individus
placés sous la surveillance de la haute police ; la

deuxième section se composait des affiliés aux sociétés secrètes et transportés politiques.

La quatrième catégorie était également divisée en sections : la première renfermait les libérés tenus de résider dans la colonie ; la deuxième, les libérés non astreints à la résidence.

La condition la plus triste fut, en réalité, celle des libérés. Ce mot libération est vide de sens, puisque les libérés ont été soumis aux règlements de la transportation sans même échapper au régime des autres catégories. Ils ne jouissaient que de deux privilèges : porter la barbe et gagner 50 centimes par jour lorsqu'ils étaient employés aux travaux.

Quelques hommes, parmi les libérés, travaillaient chez les habitants dans les différents quartiers. Ceux-là se trouvaient relativement heureux. Mais pour le libéré en général, la liberté n'est qu'un péril. N'étant plus contenus par la discipline et l'influence religieuse, la plupart des libérés reviennent à leurs déplorables habitudes, et se signalent trop souvent par des désordres qui amènent leur réintégration dans les pénitenciers et souvent des condamnations nouvelles.

Quelques libérés et autres concessionnaires avaient femmes et enfants. Aucune mesure ne prévoyait le sort de ces familles en cas de mort du chef. Il est probable que les femmes et les enfants demeuraient à la charge de l'État.

Un observateur attentif, qui aurait résidé dans plusieurs pénitenciers de la Guyane, reconnaîtrait sans peine une grande différence entre les condamnés aux

travaux forcés et les repris de justice placés sous la
surveillance de la haute police. Les aumôniers surtout
ont pu constater que les repris de justice sont plus
corrompus, plus incurables et bien autrement dangereux que les condamnés.

Chez ces derniers, il y a au cœur des cordes qui ré-
sonnent encore. Parmi ceux qui n'ont subi qu'une condamnation, il en est que l'ivresse ou une folle passion,
ou bien un égarement passager, ont précipité dans
l'abîme. La violence de leur nature l'a emporté; ils ont
été pour un instant les esclaves aveugles de la brutalité; mais leur être n'a pas été complètement envahi;
la dégradation n'est point complète. Il reste dans leur
intelligence des parties saines, et dans leur âme des
ressorts qu'une main délicate peut mettre en mouvement. Il n'est donc pas impossible, avec l'aide de Dieu,
d'amener le repentir. On en a même vu marcher sans
dévier un seul instant dans les rudes sentiers de la vie
nouvelle. Les épreuves et les souffrances de la transportation étaient à leurs yeux une expiation juste et
nécessaire. Beaucoup s'animaient de sentiments religieux. Ceux-là étaient la récompense et la joie sainte
des aumôniers.

Vainement chercherait-on cette énergie chez les repris de justice. Ils n'ont de courage ni pour le bien ni
pour le mal : paresseux, inertes, d'une mollesse invincible, ces hommes sont des fanfarons de vices et de
crimes; ils racontent stupidement leurs actions les plus
infâmes, se vantent même de crimes qu'ils n'ont pu
accomplir. Le mensonge, la fourberie, la bassesse,

perdent à leurs yeux tout caractère d'ignominie. Ceux-là
exploitent les missionnaires par d'hypocrites manœuvres; ils se courbent, s'humilient et vont jusqu'à
verser des larmes. Le repris de justice a une singulière
faiblesse : il est orgueilleux. S'il ne se considère pas
comme le plus instruit, c'est qu'il se vante de dédai-
gner la science; mais il aime à parler de sa ruse, de
son adresse, de son habileté à jouer tous les rôles pour
tromper les niais dont le monde, dit-il, est toujours
composé; il a menti à la justice, échappé aux geôliers,
dupé son défenseur, accusé des innocents, égaré les
recherches. Ce sont là les bons tours dont il s'enor-
gueillit.

Les repris de justice ont le travail en horreur : le
chantier, l'usine, l'atelier, leur semblent plus cruels
que la prison; ils vivent dans une alternative conti-
nuelle de captivité et de libération. Sous les verrous,
ils forment leurs projets, s'associent des complices et
désignent les victimes. A peine la liberté leur est-elle
rendue, que sans perdre un seul jour ils accomplis-
sent les crimes convenus, ayant soin de ne donner la
mort que par nécessité, car ils ne craignent qu'une
chose : l'échafaud.

En général, les repris de justice furent rebelles à la
parole des missionnaires, tandis que les forçats ordinaires se montrèrent toujours heureux et fiers de
trouver les consolations de la religion.

A cette division du personnel de la transportation en
quatre catégories s'ajouta bientôt, comme complément
d'organisation, un classement intérieur qui établissait

une sorte de hiérarchie entre les transportés; ils furent divisés en :

1° Apprentis ou manœuvres ;

2° Ouvriers de première classe ;

3° Aides contre maîtres ;

4° Contre maîtres.

Ces hommes touchaient par jour de travail : les contre maîtres, 20 centimes ; les aides contre maîtres, 15 centimes ; les ouvriers de première classe, 10 centimes ; le reste, c'est-à-dire les dix-neuf vingtièmes, ne touchait rien.

De petits avantages ou menus privilèges étaient attachés à chacun de ces échelons afin d'entretenir l'émulation. Cette hiérarchie créa un moyen de discipline plus puissant que la crainte du châtiment. La crainte comprima les mauvais instincts; l'espérance réveilla les bons. Or quelle espérance plus séduisante pour les malheureux que celle de sortir de la foule, de commander à leurs semblables, d'exercer une autorité? L'égalité est l'un des plus grands supplices des condamnés. Les législateurs qui ont proclamé l'égalité sociale connaissaient mal le cœur humain. Lorsque deux déportés se trouvaient réunis pour un travail, l'un ne voulait pas être l'égal de l'autre : les condamnés avaient donc soif de distinction, ils éprouvaient un besoin invincible de sortir de la foule.

Les condamnés politiques surtout avaient une véritable horreur de l'égalité. Tous plus ou moins vains, plus ou moins sots, presque tous ignorants, ils prétendaient assez ouvertement à la domination de leurs semblables. Jaloux les uns des autres, ils affectaient un mépris souverain pour leurs compagnons; chacun d'eux voulait attirer les regards.

Les diverses catégories avaient donné aux condamnés politiques le nom de *charlatans*. Ce sobriquet était parfaitement justifié par les poses, les allures, les discours prétentieux et les oripeaux dont ces malheureux égayaient, sans le savoir, les employés du gouvernement et les déportés eux-mêmes.

Notre récit serait plus conforme aux règles du discours, si nous suivions les missionnaires après leur débarquement dans les diverses situations où chacun d'eux se trouve placé. Les observations, inspirées par les circonstances mêmes, trouveraient en quelque sorte leur place naturelle. Tout en reconnaissant l'avantage de cette méthode, nous nous en écarterons afin que le lecteur connaisse, avant tout, le terrain sur lequel nous allons être placés. Entrons donc dans quelques détails, et voyons d'abord ce qu'est un établissement pénitentiaire. C'est là, ne l'oublions pas, que doit s'opérer la moralisation.

VI

L'emplacement d'un camp de condamnés exige. des soins minutieux. Il doit être exposé aux brises de la mer ou des rivières, se trouver abrité contre les vents de terre, toujours chargés de miasmes paludéens.

Aux premiers jours de la transportation, les camps étaient fermés par une enceinte palissadée; on en reconnut promptement l'inutilité, et l'espace demeura libre de toute clôture. L'insalubrité et la constante humidité firent adopter l'usage de séparer les cases du sol. Ces cases, en bois, reposaient sur quatre piliers en briques d'un mètre de hauteur.

L'intérieur de la case représentait une vaste chambre, où, la nuit, deux rangées de hamacs formaient un dortoir bien aéré; entre les hamacs, un couloir toujours libre permettait aux surveillants de circuler pour les rondes. Le jour, les hamacs étaient repliés. Les effets de chaque transporté, placés comme dans les casernes, offraient un coup d'œil agréable par leur régularité.

Les cases plus ou moins grandes formaient des rues
alignées d'une extrême propreté. Il n'est pas, en Europe, un village aussi coquettement entretenu que ces
camps; tout était lavé, brossé, reluisant comme à bord
d'un navire de guerre.

En approchant d'un établissement pénitentiaire, on
apercevait d'abord l'église, placée sur un point culmi-
nant; le clocher s'élançait dans l'air, surmonté presque
toujours du coq cher aux Gaulois. Un missionnaire
a fait observer que les hommes les plus indifférents se
sentaient émus, lorsque, à mille lieues de la patrie, ils
revoyaient l'église; un sentiment inconnu jusqu'alors
s'emparait d'eux. A travers de vagues souvenirs, ils
croyaient revoir l'église de leur village; le village lui-
même leur apparaissait avec son foyer entouré de la
famille. Les fonctionnaires, les officiers, les soldats et
les marins n'échappaient point à cet appel mystérieux
de l'église. Tous, sans le vouloir et presque sans le
savoir, ralentissaient leur marche et devenaient son-
geurs; ils écoutaient et semblaient entendre la voix de
la patrie s'élever autour de cette église avec des yeux
mouillés de larmes. »

Hélas! ce qui frappait le plus les regards, après
l'église, était l'hôpital. Si l'église avait rappelé le dimanche au pays, les habits de fête, l'encens de la
prière, l'hôpital montrait à tous les misères, les déses-
poirs, l'agonie solitaire, enfin la mort et ses menaces.

Entre l'église et l'hôpital, à l'ombre des deux édi-
fices, on voyait une modeste baraque éclairée nuit et
jour par la flamme d'une lampe. Là demeuraient les

sœurs de Charité; la lampe veillait au pied d'un crucifix. Pauvres et saintes filles qui avaient voulu fuir le
monde, et dont la vie s'écoulait au milieu des criminels; elles ont renoncé aux joies de la famille pour
venir dans les contrées lointaines apporter la charité
chrétienne. Soyez bénies, anges de miséricorde, qui
pour prix de vos sacrifices ne trouvez souvent que
l'ingratitude!

Les religieuses employées dans les hôpitaux de
Cayenne et celles qui donnaient leurs soins aux transportés appartenaient à la congrégation des sœurs hospitalières de Saint-Paul de Chartres. Depuis 1722, cette
maison envoie ses filles à la Guyane, où leur présence
est un bienfait pour to s les malheureux. Avant l'arrivée des religieuses de Saint-Joseph de Cluny, les
hospitalières de Chartres avaient les écoles en même
temps que les hospices.

La plus belle maison d'un camp était celle du commandant du pénitencier; venaient ensuite les habitations du commissaire faisant fonctions d'officier de
l'état civil, de l'officier commandant des troupes, des
médecins et du pharmacien, enfin de l'aumônier,
du garde du génie et du surveillant-chef. Ces habitations, ordinairement entourées de jardins bien cultivés,
offraient en tout temps une ombre épaisse et une riche
verdure.

Le visiteur remarque aussi dans les camps la caserne des militaires, celle des surveillants, la cantine
et les blockaus ou prisons destinées aux indisciplinés.

Si l'on ne voulait pas emporter un souvenir trop

douloureux du pénitencier, il fallait le voir un dimanche; la propreté y était encore plus complète que de coutume. D'après les règlements, la moitié du samedi appartenait aux transportés pour le blanchissage du linge et les préparatifs de toilette; il est vrai que les règlements n'étaient pas toujours respectés par les commandants; mais, en général, le dimanche matin et les jours de fête, les condamnés, rangés sur deux ou trois rangs, étaient soumis à une inspection minutieuse. La revue terminée, on se rendait à l'église tambour battant, au pas cadencé et en silence; chacun prenait place dans les bancs de la chapelle. L'état-major arrivait ensuite. Quelques fonctionnaires se dispensaient de tous les devoirs religieux : ce qui était à regretter, car les condamnés avaient besoin de bons exemples.

Afin d'ôter aux établissements pénitentiaires le caractère sombre qui engendre la tristesse, fait naître la nostalgie et conduit au suicide, les aumôniers donnaient aux cérémonies religieuses une pompe qui frappait vivement les imaginations. La chapelle, ornée de feuillages variés, se tapissait de fleurs; des guirlandes se balançaient autour de l'autel, et d'énormes bouquets cachaient les minces colonnes. Un transporté faisait entendre les chants de l'orgue, tandis que d'autres, aux voix puissantes, entonnaient des hymnes qui réveillaient les échos des forêts vierges. On ne saurait imaginer un spectacle plus grandiose. Loin de la patrie, aux confins du désert, un prêtre prononçait la prière, et tout à coup des centaines de voix lui répon-

daient. Ces voix proclamaient le Dieu des justes, le
Dieu qui a dit : Tu ne tueras pas ; tu ne déroberas pas ;
tu ne feras pas à autrui ce que tu ne voudrais pas qui
te fût fait. Or ces hommes ont tué, ils ont dérobé, ils
ont fait tout le mal possible. Sans le prêtre, qui de
l'autel répand sur eux la bénédiction divine, ces
hommes seraient maudits ; mais le jésuite leur a en-
seigné la prière qu'ils ignoraient. Parmi ces têtes qui
se courbent au moment solennel de l'élévation, plus
d'une était promise à l'échafaud ; parmi ces mains qui
effleurent l'eau du bénitier, plus d'une a versé le sang ;
mais, debout à l'autel, le missionnaire enveloppe tous
ces misérables de son innocence, il les purifie en
quelque sorte par le signe de la croix qu'il fait planer
sur la foule attentive. Combien, parmi ces criminels,
n'ont-ils pas comparé, sur leur lit de mort, la prison et
ses barreaux de fer, le geôlier et ses chaînes, l'arrêt
des juges qui les frappait, aux doux chants de l'Église,
à ses fleurs, à ses parfums, enfin à cette parole qui
promet le pardon !

Deux établissements, le Maroni et l'île Royale, possédaient une musique instrumentale dont les exécutants
étaient tous des déportés. Ces musiques produisaient la
plus heureuse influence, et secondaient l'œuvre des
missionnaires, en faisant résonner quelques cordes
longtemps muettes.

A Saint-Laurent de Maroni, les fêtes avaient un caractère particulier ; les concessionnaires mariés venaient
à l'église avec leurs femmes et leurs enfants fort con-
venablement vêtus. On eût dit une paroisse de France ;

il y manquait cependant l'aspect vénérable de l'aïeul
rappelant le passé.

Ces splendeurs du culte catholique produisaient une
profonde impression sur les condamnés, qui en Europe sont séparés de l'église par l'emprisonnement.
Aussi les missionnaires multipliaient-ils les cérémonies
religieuses. La fête patronale, la bénédiction d'une
église, l'érection d'un chemin de la croix, la visite
du préfet apostolique, ou toute autre circonstance qui
ramenait la pensée vers Dieu, fournissaient aux pères
l'occasion des communions et des baptêmes.

Parmi les cérémonies du culte, il en est une qui a
laissé dans l'âme des déportés de profondes et salutaires
impressions : nous voulons parler de la sépulture des
morts. Les enterrements des transportés avaient lieu
d'après les rubriques de l'Église. Le prêtre, les chan-
tres, les enfants de chœur, le suisse, accompagnaient
à sa dernière demeure celui qui n'avait ni amis ni
famille. Ces malheureux éprouvaient une consolation
véritable, et se sentaient fiers des honneurs funèbres
rendus à leurs frères. Il n'y eut pas d'exemple d'enterrement civil. Le plus grand criminel aurait considéré
comme une honte, comme une infamie, de n'être pas
enterré religieusement. Lorsque, se rendant à leur
travail, ils rencontraient sur le chemin le convoi précédé de la croix, lorsqu'ils voyaient près du cercueil de
leur pauvre compagnon le prêtre, seul représentant de
Dieu, de la patrie, de la famille, ils s'arrêtaient et saluaient pieusement.

Le cimetière d'un pénitencier était divisé en deux

parties, dont l'une réservée aux personnes libres.
Lorsque les aumôniers avaient le temps d'exprimer
leurs dernières volontés avant de mourir, ils demandaient à être inhumés au milieu de leurs chers paroissiens. C'est l'expression dont ils se servaient. Ainsi
furent enterrés : le R. P. Morez, à la montagne d'Argent,
et le R. P. Bigot, à Saint-Georges. Les cimetières des
pénitenciers étaient parfaitement entretenus. Les arbres
les plus beaux y répandaient une fraîcheur éternelle ;
les tombes ombragées de petits arbustes et de fleurs
aux mille reflets cachaient dans leurs touffes les modestes croix de bois noir sur lequel un nom était inscrit,
mais un nom seulement. Certain déporté quelque peu
lettré écrivit sur la porte du cimetière de l'île Royale :
Jardin de la mort. Aussi disait-on d'un mourant : il
va reposer au jardin.

Les missionnaires ont observé que le jardin de la
mort était la promenade la plus fréquentée aux heures
de loisir. Il y a donc dans les bagnes quelques pensées
mélancoliques. Ces hommes, dont beaucoup ont donné
la mort, viennent à pas lents, le front incliné, parcou-
rir le champ funèbre ; ils s'arrêtent pensifs devant les
tombes. Songent-ils aux morts de la veille, ou bien aux
victimes qu'ils ont frappées, ou bien encore à leur fin
prochaine ? Des fosses creusées d'avance semblaient
attirer leur attention ; ils mesuraient d'un regard in-
quiet la profondeur, soulevaient la bêche du fossoyeur,
et semblaient éviter de s'approcher des bords. Les
missionnaires considéraient ces tristes pensées comme
saines et fécondes.

Aux îles du Salut, les enterrements avaient un caractère particulier. L'hôpital de l'île Royale renfermait non seulement ses malades, mais ceux des îles Saint-Joseph et du Diable, et encore les malades bien plus nombreux qui venaient des chantiers établis sur les bords du Kourou. Cet hôpital de l'île Royale était donc encombré.

Si les inhumations avaient eu lieu dans ces îles, elles n'eussent été qu'un vaste cimetière, ce qui eût occasionné des maladies. On avait pris le parti d'immerger les corps. La cérémonie religieuse s'accomplissait suivant les coutumes de l'Église. Le corps enfermé dans une bière était ensuite porté sur le rivage et placé dans une embarcation. Lorsque cette barque s'était éloignée du rivage, la bière, placée sur une planche, glissait dans les flots. Les requins, arrivés en grand nombre, soulevaient les vagues. Malheur à l'imprudent qui, cherchant la fraîcheur, aurait seulement plongé son bras dans cette eau : il eût été dévoré à l'instant même! On vit souvent de larges traînées de sang sillonner la surface de l'eau. Les déportés avaient une profonde horreur de ces funérailles, qui leur semblaient un oubli de la dignité humaine.

Le personnel libre des îles du Salut était enterré à Saint-Joseph. La nécessité de traverser la mer pour y conduire les morts donnait à la cérémonie un caractère particulier. Avant de s'éloigner de l'île, le cortège descendait vers le rivage, où des barques l'attendaient. Garnies de passagers, les barques formaient une procession balancée par les flots. Les chants de l'Église, emportés par les vents, se perdaient dans l'immensité. Les barques, lancées au sommet des vagues ou plongées dans les profondeurs, emportaient le cercueil vers le ciel ou l'entraînaient vers les gouffres. On éprouvait une sensation douloureuse. Le regard était ébloui en voyant tournoyer cette grande croix d'argent dont les bras semblaient s'étendre sur la mer et la dominer. Jamais, en effet, le moindre accident ne vint troubler une cérémonie religieuse, tandis que pour le même trajet il arrivait souvent de grands malheurs. Le cortège descendait sur la rive opposée. A Saint-Joseph, le chemin du cimetière, ombragé d'arbres séculaires, suit les bords de la mer.

Tous les Européens qui vivaient à la Guyane regrettaient la France ; tous ne cessaient de parler du retour tant désiré. Seuls les missionnaires avaient sollicité comme une faveur cet exil pour le service de Dieu et de la France. Les employés de l'État, fonctionnaires civils, marins et militaires, maudissaient les déportés qui les entraînaient à leur suite. Chacun d'eux pouvait dire comme un spirituel écrivain qui s'inflige le nom de déporté : « Ce départ ne me souriait pas. Aussi tentai-je quelques démarches pour obtenir une permutation. Mais ma demande ne fut pas favorablement accueillie : force me fut donc de me résigner et de prendre le chemin de la Guyane. »

Tous apportaient dans l'exercice des fonctions diverses une qualité passive qui n'était que la résignation. Les missionnaires, au contraire, conservaient l'activité du dévouement. D'un côté, on se préoccupait presque uniquement du maintien de la discipline et du bien-être matériel; de l'autre, on déployait un zèle invincible pour l'amélioration morale des déportés, pour leur conversion et leur réhabilitation.

En tenant compte des difficultés qui entouraient le gouvernement civil et son administration, il ne faut pas se dissimuler que trop souvent les fonctionnaires, ses auxiliaires, se montraient mal disposés à seconder les efforts des missionnaires. Soit hostilité envers l'Église, soit ignorance, il se trouva un peu partout des contradictions systématiques qui ralentirent les progrès de la prédication. On ne pouvait cependant résoudre le problème de l'amélioration des déportés qu'en agissant sur leur moral. L'extrême délicatesse du sujet nous oblige à une discrétion qu'appréciera le lecteur. Si le nombreux personnel venu de France pour commander et diriger les déportés avait compris sa mission, de grandes fautes et de grands malheurs eussent été évités. Jetons un coup d'œil sur ce personnel.

Le gouverneur, première autorité, avait sous ses ordres immédiats le directeur des établissements pénitentiaires. On sait que ces deux fonctionnaires résidaient à Cayenne, et que par conséquent leur influence n'était ni continue ni même immédiate.

A la tête de chaque pénitencier se trouvait un commandant choisi parmi les capitaines et lieutenants d'infanterie et d'artillerie de marine, et parmi les lieutenants de vaisseau ou enseignes. Ces postes importants étaient parfois confiés à de vieux officiers dépourvus d'instruction, mécontents, fatigués, et d'une complète indifférence.

Souvent aussi le choix du gouverneur se portait sur de très jeunes gens, inexpérimentés, dont le titre de commandant exaltait la vanité, qui confondaient le caprice et la règle, et tranchaient du potentat.

Dans son pénitencier, le commandant jouissait d'un pouvoir presque absolu. Malgré le peu de distance qui les séparait de Cayenne, ils n'avaient des relations avec la capitale de l'île que tous les quinze jours ou tous les mois. Les gouverneurs se bornaient donc à tracer une ligne de conduite quelque peu vague. En effet, chaque établissement était placé dans des conditions particulières qui justifiaient les exceptions à la règle. D'ailleurs tout gouverneur, en arrivant, renversait l'échafaudage élevé par ses prédécesseurs. Pour se convaincre de cette vérité, il suffit de jeter les yeux sur le *Bulletin de la Guyane,* véritable chaos où des arrêtés contradictoires se touchent, où l'ordre de la veille est condamné par celui du lendemain.

L'œuvre de la moralisation des condamnés dépendait donc surtout du commandant. Il arrivait souvent qu'il était juste, éclairé, bienveillant dans sa fermeté et animé de principes religieux. Alors la marche du service devenait régulière, l'aumônier recueillait le fruit de ses travaux. Mais si, au contraire, le commandant déplorait son exil, s'il en souffrait, son humeur devenait sombre, et son caractère, irascible. On le voyait tout maudire, et comprimer les âmes. Autour de lui

l'aigreur entrait dans les esprits, et la parole du missionnaire n'était plus entendue.

Le commissaire, chargé des fonctions d'officier de
l'état civil, avait peu de rapports avec les transportés.
Néanmoins il pouvait beaucoup pour leur bien-être et
leur satisfaction matérielle, car il avait les clefs du magasin aux vivres, et c'est lui qui choisissait les denrées
de qualité plus ou moins bonne.

Les médecins envoyés dans les colonies ont le titre
de chirurgiens de la marine. Il en était parmi eux qui
proclamaient hautement leurs convictions religieuses.
Ceux-là donnaient aux déportés des soins plus intimes,
ne se bornant pas à l'accomplissement du devoir, mais
appliquant le sublime remède qui se nomme la charité
chrétienne. Malheureusement tous les chirurgiens ne
méritaient pas ces éloges. Il s'en trouva qui se procla-
mèrent libres penseurs et matérialistes. Malheur aux
déportés qui tombèrent entre leurs mains ! Pour eux,
le malade de l'hôpital, le malade du bagne surtout, ne
fut pas une créature faite à l'image de Dieu, mais une
machine que détruisaient l'usure et le choc. Les missionnaires et les sœurs hospitalières furent les éternelles
victimes de ces docteurs ignorants, qui mettaient obstacle à tout progrès.

L'officier le moins en rapport avec les transportés, et
qui exerçait peu d'influence dans les pénitenciers, était
le commandant du détachement des troupes. Toutefois
son exemple devenait salutaire ou dangereux. Il impor-
tait donc de faire de bons choix.

Le garde du génie était un personnage important du

pénitencier. Chargé de la direction et de la surveillance des travaux les plus pénibles, il disposait, pour ainsi dire, de l'humeur générale du camp. Elle était triste ou joyeuse, suivant que le garde du génie donnait dans la misanthropie ou la philanthropie. Des malheureux surchargés de travaux, pressés, menacés, punis à tout propos, s'aigrissaient facilement, murmuraient et se décourageaient. Le garde du génie, s'il était un bon compagnon, entretenait les courages par un mot, par un geste, par un regard sévère ou bienveillant.

Nous allons dire quel fut le grand obstacle à l'amélioration du condamné. Tant que cet obstacle existera, tous les efforts du gouvernement demeureront infructueux; aucune des espérances conçues ne se réalisera, aucune des promesses faites si pompeusement ne s'exécutera. Ce sera toujours le bagne avec ses forçats incorrigibles, le bagne au loin, mais toujours menaçant la société. Cette société avait cependant le droit d'espérer que ses sacrifices produiraient un bien pour l'humanité.

VII

Le P. Raulin fut le premier aumônier de Sainte-
Marie. « Il avait, dit un officier, une physionomie bien
faite pour modifier l'opinion de certains d'entre nous
sur tous ceux qui portaient l'habit de jésuite. C'était un
jeune homme de vingt-huit ans, au regard franc, presque fier. Bien que d'une grande simplicité, il n'était
pas, je vous assure, plus humble à l'ocasion qu'il ne le
fallait. Je le vois encore, le dimanche, debout devant
l'autel, sous le grand hangar de Sainte-Marie, se frappant la poitrine, et criant aux condamnés : « Quoi !
moi, jeune, instruit, bien né, me sentant une âme
capable de toutes les tendresses, j'ai tout abandonné :
fortune, avenir, amis, parents, patrie, pour venir ici
sauver quelques âmes, les envoyer au ciel, et puis mourir... Quel stupide insensé serais-je donc, s'il n'y avait
ni âme ni ciel ! Mais ils existent, mes amis ! Je les vois,
en moi-même, aussi clairement que vous voyez ces
forêts immenses qui nous entourent... »

Il sauva quelques âmes, les envoya au ciel, et puis il mourut.

Ces paroles du P. Raulin produisirent sur les déportés une impression qu'il ne faut pas chercher à traduire par les mots de la langue. C'est ainsi que la parole chrétienne pouvait se graver dans ces cœurs bronzés. Il fallait à ces natures endurcies un langage viril, hardi dans sa simplicité. L'onction les effleurait à peine. Mais pour que le fier langage du P. Raulin fût celui de tous les missionnaires, il aurait fallu leur donner une liberté, une supériorité, une autorité que le gouvernement n'accordait pas aux ministres de la religion. On s'était proposé deux buts : éloigner de la mère patrie des êtres dangereux et transformer ces êtres par le repentir. L'éloignement était obtenu. Des fonctionnaires civils veillaient à l'exécution de la loi. Le présent ne devait donc pas inquiéter la société française. Mais l'avenir? Appartenait-il à ces administrateurs de le préparer ? Nullement, puisqu'ils n'avaient en main qu'une arme fragile, la répression. L'avenir appartenait aux missionnaires. Il fallait leur faire la plus large part, les appeler aux conseils du gouvernement, les multiplier, les honorer, les grandir au-dessus de tous, puisque leur œuvre était l'œuvre supérieure. Sans doute la place des missionnaires était belle; mais l'estime dont ils jouissaient et l'influence qu'ils pouvaient exercer tenaient à leur supériorité intellectuelle, à la dignité de leur caractère et à leurs travaux bien plus qu'aux ordonnances. Le moindre bureaucrate opposait son importance au vœu le plus naturel d'un missionnaire. Ces pères jésuites qui étaient les plus instruits de la colonie, les plus infatigables, les plus dévoués, et enfin les seuls serviteurs volontaires, ces pères qui avaient charge d'âmes, n'occupaient dans la hiérarchie des fonctionnaires qu'un modeste échelon; le véritable législateur leur eût donné la première place, dans le seul intérêt de ces milliers de misérables qu'il fallait arracher au mal.

C'est dans cet ordre d'idées qu'il faut chercher le grand obstacle qui s'est opposé et s'opposera à l'amélioration du condamné, aussi longtemps que l'on fermera les yeux à la lumière. Ce n'est ni par le travail, ni par les châtiments, ni par le bien-être, que le déporté se transformera. Il faut, avant tout, agir sur son moral, éclairer son esprit, rectifier son jugement, améliorer son cœur, réveiller sa conscience, en un mot, il faut rappeler à la vie l'âme qui sommeille lourdement. Ni un commissaire, ni un geôlier, ni un gendarme, n'accompliront ces miracles, parce qu'ils ne peuvent agir qu'au nom de l'intérêt humain. Le prêtre, par sa seule parole, retrouvera l'homme enseveli sous des ruines. Entre le monde et le condamné il y a lutte ouverte, guerre déclarée. L'emprisonnement du criminel n'est qu'une trêve. Dès qu'il recouvre sa liberté, cette trêve est rompue, et les combats recommencent plus ardents que jamais. Il faudrait trouver le moyen de conquérir la paix, une paix définitive, basée sur le désarmement du criminel. Ce n'est pas son bras seulement qui est armé, mais aussi son esprit. Or comment désarmerons-nous cet esprit? Évidemment, en l'élevant, en lui montrant d'infinies tendresses, au lieu des implacables menaces dont son cœur est fatigué.

Ce criminel, frappé par la justice des hommes, éprouve un mortel déplaisir à se sentir isolé. Il se replie sur lui-même, et ses yeux lancent des rayons de haine. Il cherche un appui, et ne le trouve pas. Qui donc aurait pitié de ses misères ? Qui donc écouterait son éternel gémissement ? Mais voici qu'un prêtre s'approche de lui, et prononce des mots jusqu'alors inconnus. Il parle d'une autre vie, d'un monde meilleur. Il laisse entrevoir le pardon, la suprême félicité. A la surprise succède l'émotion. Si l'âme a palpité, le réveil ne tardera pas à se faire. Le criminel disparaîtra pour faire place à l'homme nouveau sorti du mal pour entrer dans le bien.

Il faudrait être étranger aux sentiments humains pour supposer un seul instant qu'un tel miracle puisse s'accomplir hors du monde surnaturel. Le philosophe le plus séduisant, fût-il Jean-Jacques Rousseau, ne saurait parler au criminel que des douceurs de la vertu, des jouissances de l'esprit. Ce serait toujours l'horizon terrestre. On aurait beau en chasser les nuages et l'embraser de mille feux, il n'y aurait encore que la terre et ce qui la couvre, voluptés et misères. Le prêtre détourne de la terre les regards du criminel. Il lui dit que son espérance n'est pas là.

Il nous est difficile de comprendre l'aveuglement des législateurs et des administrateurs modernes. Ils sont chrétiens, et ne voient pas la puissance du christianisme. Un problème social se présente : l'amélioration du cri-

minel. Un moyen existe, il est unique et certain. Le
prêtre seul peut le mettre en pratique; on songe à cent
autres moyens. On oublie le prêtre, on oublie même le
ciel. Il suffisait de se demander d'où vient le mal;
chacun aurait répondu : Le mal vient de l'oubli de la
religion. Où se trouve le remède? Dans le retour à la
religion.

Les docteurs de la loi humaine ont longuement mé-
dité; ils ont beaucoup parlé, beaucoup écrit, les uns
en faveur d'un système, les autres en faveur d'un système contraire. Nul se s'est avisé de trancher la
question de l'amélioration du condamné sans parler et sans écrire. Il suffisait de se lever, et de montrer du doigt le prêtre qui traverse le chemin. On
trouve naturel que dans une épidémie la voix du
médecin domine toutes les autres; on ne s'étonne pas
qu'aux heures de la tempête le pilote occupe la première place; s'il faut dompter un coursier, chacun
cherche l'écuyer le plus habile. Et, lorsque la société
voudrait agir sur les âmes, rendre aux consciences
leurs ressorts, faire comprendre aux natures dégra-
dées les sublimes leçons du christianisme, nous serions
assez insensés pour ne pas reconnaître que le seul ré-
formateur est le prêtre armé de la croix !

VIII

Nous avons dit qu'il y avait, dans la transportation, des individus appartenant à diverses catégories. En les séparant, on plaça les condamnés à l'île Royale, les libérés, venus volontairement, à l'île Saint-Joseph, et les déportés politiques à l'îlet la Mère.

Le P. Ringot demeura à l'île Royale ; mais ce fut au mois de septembre seulement que les aumôniers obtinrent la permission de s'établir dans les deux autres pénitenciers.

Pour connaître les relations de l'aumônier avec les condamnés, les moyens d'action et les résultats obtenus, il faut lire cette lettre du P. Ringot à l'un de ses confrères en France :

« J'habite l'île Royale avec un personnel d'environ 1,500 individus. Nos transportés vont bien pour la plupart ; ils s'acquittent volontairement de leurs devoirs religieux. Je prêche deux fois le dimanche ; il y a attention et bonne tenue dans toute l'assistance. J'entends les confessions tous les jours, et suis occupé du matin au soir. Les offices sont courts, mais solennels. Nous avons musique à grand orchestre, des chœurs, des voix magnifiques. Beaucoup de cathédrales en France ne sont pas aussi bien partagées. Mais nous n'avons pas encore de chapelle, et chaque dimanche nous sommes obligés de nous transporter dans une nouvelle case. Nous suppléons à ce manque d'édifice religieux par des tentures, des guirlandes de fleurs et de feuillages, que nos transportés disposent avec un goût merveilleux, et qui sont des temples gracieux.

« Ce déploiement de magnificence leur plaît et les attire à l'église, où ils se plaisent plus que partout ailleurs. Messieurs les administrateurs eux-mêmes paraissent s'y plaire, et la plupart d'entre eux assistent aux offices. Il y a parmi ces condamnés des hommes vraiment bons, des hommes de cœur qui travaillent sérieusement à se réhabiliter. Quelques-uns n'ont fait qu'une chute, dans une heure d'exaltation, d'entraînement irréfléchi ; atteints par le malheur, ils ont nourri l'espoir de la réhabilitation et se sont armés de courage. Nous devons bien espérer de ces hommes. Tous, il est vrai, n'en sont pas là. Nous rencontrons les natures faibles, soumises à toutes les impressions, aux mauvaises surtout. Mal entourées, ces natures sont poussées vers le mal. D'autres enfin, en petit nombre, sont à peu près incorrigibles. Ceux-là sortent, en général, des maisons centrales, qu'ils ont habitées depuis l'âge de 10 ou 12 ans. C'est là que ces malheureux ont fait l'apprentissage du bagne. Nous ne négligeons rien pour les gagner, mais il est difficile de les saisir.

« Je m'efforce de grouper les bons éléments, afin

qu'ils puissent s'aider et se soutenir mutuellement. Je suis parvenu à les réunir en une sorte de société, composée de différents groupes comptant chacun vingt membres. Voici les qualités exigées de tout associé : 1° principes religieux et conduite chrétienne ; 2° moralité : pas de voleurs, de joueurs, de débauchés, d'ivrognes ; bien entendu que l'éponge est passée sur les antécédents ; 3° travail, chacun selon ses forces ; 4° obéissance aux chefs de tous les degrés.

« Nul n'est admis dans l'association s'il ne prend l'engagement de se conformer à ces règles ; de plus, les associés promettent de s'aider les uns les autres, de s'avertir, de se reprendre avec charité. Il faut ajouter que les choix sont faits par eux-mêmes avec une rare sagacité, car ils se jugent et se connaissent à merveille.

« Ces associations ont déjà produit les meilleurs résultats au point de vue moral et religieux. Quatre cents sont engagés de la sorte, et ce noyau, je n'en doute pas, est appelé à exercer une salutaire influence sur la masse entière. Il est vrai qu'il y a le revers de la médaille ; mais n'insistons pas sur ce sujet.

« Je trouve mes condamnés polis et même affables. Ils aiment leur aumônier et le considèrent comme un ami, comme un frère ; ils sont tellement convaincus que les religieux de la compagnie de Jésus les aiment et sont disposés à leur rendre tous les services, que, lorsqu'ils reçoivent une faveur ou une grâce, ils répètent à l'envi : « C'est le père qui nous a obtenu ce bienfait. »

Nous n'avons pas à examiner quel fut l'esprit de

l'administration dans les premiers moments où les déportés de toutes les catégories pouvaient aisément prendre des habitudes d'ordre, de travail et de discipline. Le chef suprême, M. de Sardagarriga, commissaire général, ne comprit pas complètement l'importance de sa mission. Nous l'avons déjà dit ; mais il est bon de rappeler les défaillances de l'autorité civile, qui trop souvent méconnut les efforts des religieux, et fut loin de les seconder. On crut ou l'on affecta de croire que la religion n'était qu'un élément accessoire de moralisation pour tant de malheureux. Les pères ne rencontrèrent donc pas l'appui qu'ils devaient attendre. Les résultats surprenants qu'ils obtinrent n'en furent que plus glorieux pour l'apostolat ; mais les résultats eussent été complets si les jésuites avaient trouvé l'appui des autorités.

Pendant que le P. Ringot donnait ses soins aux condamnés de l'île Royale, le P. Liaigre était envoyé à Saint-Joseph au milieu des libérés venus volontairement en Guyane et des repris de justice. Atteint d'une fièvre ardente et d'une maladie fort grave, ce religieux fut réduit à l'impuissance ; les médecins ordonnèrent son départ, et le père n'échappa à une mort certaine que pour revenir en France atteint d'infirmités contractées à Saint-Joseph.

Le P. Herviant avait été désigné pour l'îlet la Mère, séjour des condamnés politiques. Jamais mission plus délicate ne fut confiée à un religieux, surtout à un jésuite. Voici la première lettre du P. Herviant au provincial de France :

« Vous savez, mon révérend père, que je suis chargé de donner mes soins aux condamnés politiques. Deux jours avant mon arrivée, ils avaient joué le *Tartufe*. Le jour même où je mettais le pied dans l'île, il s'en évadait douze. J'arrivais sous ces tristes auspices. Pendant plusieurs jours il me fut impossible d'aborder un seul individu. Je ne manquai pas cependant chaque dimanche de célébrer en public les saints mystères et d'annoncer mes intentions et ma mission pacifique.

« J'ai eu la consolation de recevoir l'abjuration d'un protestant, aujourd'hui fervent catholique et le modèle, je pourrais dire l'admiration de la colonie. »

Le P. Herviant, à force de patience, de tact, de mesure, dissipa peu à peu, heure par heure, les préventions dont il était l'objet. Il ajoute, dans sa lettre au père provincial : « Plusieurs de mes transportés m'ont demandé des messes pour leurs parents. Quelques-uns se remettent à apprendre leurs prières; beaucoup de préjugés sont tombés; les blasphèmes ont presque totalement disparu...

« ... Je n'ai jamais été aussi heureux que depuis le jour où j'ai mis le pied en Guyane, et le jour le plus douloureux pour moi serait celui où je devrais quitter ce pays. Paix du cœur, union avec Dieu, détachement de tout : voilà les trésors que j'ai rencontrés ici. Je ne méritais pas l'honneur d'être membre de la mission la plus sublime qui se puisse rencontrer, parce qu'elle est la plus crucifiante. Vous me l'avez accordé, cet honneur, mon révérend père, je vous en bénirai toujours.»

Pour expliquer les difficultés nouvelles que rencon-

trèrent les aumôniers, il faut dire que l'enthousiasme
des premiers jours s'était promptement dissipé. Les
promesses du commissaire général ne se réalisaient pas.
Le climat était dévorant pour les Européens : quelques
mois d'un soleil de plomb, et huit ou neuf mois de
pluies diluviennes. La tristesse sombre et silencieuse
avait succédé aux joies bruyantes des premiers jours.
Les détenus politiques se montraient irrités jusqu'à
l'exaspération. Aussi le P. Herviant subissait-il un véritable martyre, qu'il supportait avec cette résignation
chrétienne qui le rendait si fort. Sous le coup des
mêmes déceptions, les transportés de Saint-Joseph se
mutinèrent deux fois, et il fallut, en quelque sorte, rétablir le bagne dans des établissements dont le but était
de l'abolir.

Pendant que les trois aumôniers dont nous avons
parlé remplissaient, chacun à son poste, leur pénible
mission, le P. Hus, supérieur, travaillait activement.
Il s'était mis à la disposition du préfet apostolique pour
l'exercice du ministère. Il prêcha le mois de Marie à
Cayenne avec le plus grand succès. L'église se trouva
souvent insuffisante pour contenir la foule avide d'entendre la parole du missionnaire. Le commissaire général et les principaux employés du gouvernement sui-
vaient assidûment l'éloquente prédication. Le père
prêchait en outre des retraites aux religieuses de Saint-
Paul, aux sœurs de Saint-Joseph et aux frères des
Écoles chrétiennes. Mais le soin des pénitenciers était la
constante préoccupation du supérieur de la mission : il
visitait les aumôniers, dirigeait leurs travaux, les en-

courageait, et s'employait auprès de l'administration
pour améliorer le sort des déportés. Bientôt il se rendit deux fois par mois à la Montagne d'Argent, pénitencier que nous ferons connaître. Il n'y avait pas
encore d'aumônier en titre, ce qui obligeait le P. Hus
à un voyage de cent vingt lieues par mois ; il s'était
en outre imposé le soin à Cayenne même d'un certain
nombre de transportés détenus à la geôle, et du vais-
seau-hôpital *le Gardien,* mouillé dans le port.

La maladie ne tarda pas à saisir le P. Hus, accablé
de fatigues ; la fièvre prit un caractère alarmant, et
bientôt il fut entre la vie et la mort. Transporté à l'hôpital dans un état désespéré, le père fut miraculeuse-
ment sauvé.

Cependant les îles ne suffisaient plus à contenir tous
les condamnés qui arrivaient de France. Le commissaire général songea à établir des pénitenciers sur la
grande terre. On réalisait ainsi la pensée du gouvernement, qui voulait utiliser la transportation pour le
défrichement et la culture. Le choix se porta sur la
Montagne d'Argent, située à trente lieues environ au
sud-est de Cayenne. Cette presqu'île, unie au continent
par un marais impraticable, avait renfermé autrefois
l'établissement fondé par les jésuites. L'installation se
fit avec une trop grande rapidité, et dans des conditions irréfléchies. Les travaux préparatoires n'étaient
pas terminés que l'on expédiait deux cent cinquante
hommes, blancs et noirs, pour fonder la colonie. Les
logements n'étaient point préparés, et les malheureux
s'abritèrent comme ils purent dans des carbets aban-

donnés par les nègres, tous insuffisants et fort insalubres.

Une semaine ne s'était pas écoulée que déjà tous les blancs couchés sur la terre tremblaient de la fièvre, immobiles et abattus. Seuls les noirs purent résister à l'action délétère du climat. Des fièvres pernicieuses se déclarèrent, et tous les Européens, excepté deux, furent frappés par le fléau. Six semaines après, vingt-trois étaient morts, y compris des soldats du génie.

Telle fut la situation de la Montagne d'Argent depuis le mois d'octobre 1852 jusqu'en février 1853. Chaque bâtiment revenant du pénitencier à Cayenne apportait les plus sinistres nouvelles. Réunie sur le port, une foule anxieuse, composée de parents et d'amis des employés, attendait le bâtiment qui était comme un messager de mort. Tout en accomplissant leur devoir, les fonctionnaires se plaignaient amèrement de l'horrible situation dans laquelle ils étaient placés. Malades ou convalescents, ils sollicitaient avec instance la faveur de rentrer à Cayenne. Seuls les jésuites demandaient comme une grâce la faveur et l'honneur de partir pour la Montagne d'Argent. Tous voulaient être envoyés près de ces malheureux déportés qui mouraient sans secours et sans consolation.

Enfin leurs prières, leurs supplications furent entendues. Au mois de février, il fut permis au P. Morez de se rendre à la Montagne d'Argent. Il s'embarqua après une longue veillée au pied de l'autel. Les mains jointes, le père s'approchait du rivage ; il y vit quelques personnes. S'avançant au-devant du groupe, le P. Morez aperçut trois morts qui semblaient l'attendre. Vingt autres avaient été jetés, les jours précédents, dans la fosse commune sans prières de l'Église. Après avoir béni les morts, le père courut aux malades. Sur cent déportés, soixante étaient couchés. On entendait les gémissements remplir l'air le jour et la nuit. On appelait le père de tous côtés, on s'emparait de ses mains, on saisissait ses vêtements, et le religieux allait de l'un à l'autre sans prendre une minute de repos. Le 4 août, le P. Morez se rendit à la caserne des soldats, qui étaient au nombre de trente-six ; vingt-sept gardaient le lit, aussi bien que l'officier qui les commandait. Lorsqu'il parut dans la vaste case, les vingt-sept moribonds firent un effort pour se soulever et de leurs voix éteintes appelaient le prêtre :

« O père, disaient-ils, cher et bon père, ne nous abandonnez pas !

— Me voici, mes enfants, » répondait le P. Morez; et il soutenait les têtes tremblantes.

Le médecin, dont nous regrettons de ne pouvoir rappeler le nom, prodiguait ses soins aux malades avec un dévouement au-dessus de tout éloge.

Le P. Morez ne put résister à tant de fatigues. Le 1er mars, pendant l'office, il tomba évanoui au pied de l'autel. A peine revenu à lui et sa messe terminée, il se rendit au chevet de ses chers déportés. Quelques jours après il écrivait :

« En ce moment j'ai plus de cent malades; c'est presque la moitié de la population dont se compose la petite colonie de la Montagne d'Argent. Il est vrai que la plupart sont hors de danger et entrent en convalescence, mais trop faibles pour travailler et même pour assister aux offices; je n'ai que quelques noirs à la messe et aux vêpres; c'est à peine si je puis trouver un servant de messe. Quoique je n'aie que peu de paroissiens, je ne sais où les conduire le dimanche: il n'y a pas un seul endroit convenable pour les offices; c'est un misérable grenier qui me sert d'église, et je vais être obligé, pour la troisième fois, de transporter ailleurs mon autel, dans un endroit encore moins propre aux cérémonies religieuses... »

Cependant le P. Hus s'était vu dans la nécessité de faire un voyage en France; il avait à traiter avec ses supérieurs et le gouvernement certaines questions difficiles à résoudre par correspondance. Après une absence de moins de quatre-vingt-dix jours, le P. Hus revenait à la fin de février par le *Caméléon*. Ce navire amenait à la Guyane un gouverneur, le contre-amiral Fourichon, dont la nomination fut bien accueillie. Le nouveau gouverneur voulut que le P. Hus l'accompagnât dans sa première visite aux établissements, et fut heureux de prendre ses avis.

IX

Cependant le nombre des transportés augmentait, et les pénitenciers devenaient insuffisants ; les aumôniers ne pouvaient suffire aux besoins de la mission.

Au mois d'avril 1853, le gouverneur chercha un lieu convenable à la fondation d'un nouvel établissement. Parti de la Montagne d'Argent, il remonta l'Oyapock jusqu'à l'endroit nommé Malouet. Après avoir étudié le terrain, les ingénieurs firent un rapport favorable, et peu de temps après on envoyait des noirs pour inaugurer le nouveau pénitencier, qui prit le nom de Saint-Georges. Nous ne tarderons pas à dire que ce poste n'était pas habitable pour les Européens.

A la demande du gouverneur, le nombre des aumôniers fut augmenté. Au mois d'août 1853, il y eut dix pères au lieu de six, et sept frères au lieu de trois.

L'heure des grands sacrifices sonnait pour l'aumônerie. Le conseil médical avait fait rentrer en France le P. Liaigre, entièrement épuisé, mais qui voulait mourir à son poste ; le frère Mercier, non moins malade, avait aussi été embarqué.

Le P. Ringot, que nous avons laissé à l'île Royale,
pouvait à peine se soutenir, et luttait contre la maladie.
Il écrivait à son provincial, au mois de mai 1853, au
moment même où son pénitencier était en proie à l'épidémie : « Nous sommes ravagés par le fléau; quand
notre tâche sera remplie, quand les fosses seront com-
blées, nous nous tournerons vers vous pour vous dire
que nous sommes plus que jamais à votre disposition.
Il y a tout près de nous des populations abandonnées
qui nous tendent les bras et nous conjurent d'avoir pitié
d'elles : ce sont les habitants de la grande terre; nous
sommes au moins deux, le P. Herviant et moi, qui
leur donnerons volontiers le reste de nos forces et de
notre vie.

« Dans la tribulation où nous sommes, les consolations ne nous manquent pas. J'ai la confiance, l'estime
et l'affection de mes pauvres transportés; ils m'ont
connu à Brest, et c'est là ce qui les attache à moi. J'en
ai, pour ma part, enterré environ trois cents, et pas
un seul qui n'ait reçu les sacrements à la mort. »

Lorsque le P. Hus connut la gravité du mal qui
dévorait le P. Ringot, il le rappela. Celui-ci exprima le
vœu de demeurer avec ses chers déportés. Il fallut un
ordre positif pour ramener à Cayenne le P. Ringot, qui
arriva mourant. Des soins affectueux le sauvèrent cette
fois, et le P. Boulogne fut envoyé comme aumônier
pour remplacer le P. Ringot. Si le P. Hus eut la joie de
conserver les jours du P. Ringot, il fut moins heureux avec le P. Herviant.

Nous avons laissé ce religieux au milieu des détenus

politiques, à l'îlet la Mère ; nous avons fait connaître ses épreuves et parlé de ses espérances. Il poursuivait avec une héroïque constance une œuvre ingrate aux yeux des hommes, mais par cela même grande aux yeux de Dieu.

Nous avons sous les yeux la correspondance de cet homme admirable, et nous ne pouvons résister au désir d'emprunter quelques lignes qui n'étaient pas destinées à la publicité. On est saisi d'admiration en présence de ce grand cœur de prêtre :

« Ne me plaignez pas, madame, écrivait-il à une dame de Brest, ne plaignez pas le *bienheureux ;* je menais en France une vie trop douce, ici j'ai trouvé ce qu'il me fallait : l'isolement et la souffrance. J'ai trouvé mieux encore sur ce sol brûlant, j'ai trouvé le Dieu que j'aime par-dessus tout. Il me semblait le voir sur la plage américaine me tendant les bras à la descente du navire, et me disant : *Celui qui laisse pour moi son père, sa mère et tout ce qu'il possède, aura la vie éternelle et le centuple dans le monde.* O Cayenne que j'aime, il me semble que je perdrais tout en te perdant ; ici on touche la croix, on la savoure, elle vous purifie et vous sanctifie. Jamais, non, jamais les délices humaines ne présenteront de pareilles douceurs. »

Dans la pensée qu'il pourrait être appelé à prêcher l'Évangile aux Indiens, le P. Herviant avait appris le portugais, que comprennent quelques peuplades sauvages ; il étudiait aussi le *galibi,* dialecte fort répandu dans ces contrées. Mais Dieu voulait rappeler à lui ce grand homme de bien. Il était digne d'être la pre-

mière victime de l'aumônerie, le premier jésuite tombé
près de ces condamnés qu'il nommait ses frères et ses
amis. Pouvant à peine se soutenir, il quittait l'îlet la
Mère le 11 juin. Les déportés politiques eux-mêmes,
qui le vénéraient, saluèrent tristement son départ.

Arrivé à Cayenne, il fut transporté à l'hôpital; le docteur Lœure lui prodigua des soins pleins de tendresse.
A l'hôpital, le P. Herviant vit dans un lit de souffrance
le frère Schonoderer, de la compagnie de Jésus. Le mal
fit de rapides progrès, car le P. Herviant avait épuisé
les sources de la vie à remplir sa mission. Il mourut
comme un saint : nous serions tenté de dire que sa mort
fut celle d'un soldat au champ de bataille, si de tels
caractères n'étaient au-dessus des gloires humaines. Le
gouverneur, tous les officiers, les communautés religieuses, la population tout entière, assistèrent aux
funérailles du P. Herviant, qui terminait sa vie à quarante-trois ans. Il avait eu la consolation de mourir en
famille, dans les bras de son supérieur.

Le P. Morez allait avoir une mort moins douce aux
yeux des hommes, mais non moins glorieuse. Seul à
la Montagne d'Argent, sans un frère pour l'assister
dans ses travaux, le P. Morez succomba aux fatigues.
Le 3 octobre, il sortit pour baptiser un enfant indien et
put à peine se soutenir; rentré dans sa chambre, il
reçut les secours d'un transporté nommé Choisy. Celui-
ci, voyant l'état alarmant du père, courut à la recherche du médecin. Le P. Morez était couché tout
habillé, un petit crucifix dans les mains, immobile et
respirant à peine. Lorsque le docteur arriva, le père

était mort. Il avait aussi quarante-trois ans. Le supérieur n'apprit cette perte cruelle que le 17 octobre, lorsqu'il vint, suivant sa coutume, pour visiter le pénitencier de la Montagne.

Le nombre insuffisant des aumôniers n'avait pas
permis au P. Hus d'envoyer un religieux à la nouvelle
fondation de Saint-Georges; il demanda à desservir
lui-même ce poste dangereux. Il obtint de s'y rendre
tous les quinze jours, tantôt par les bateaux à vapeur,
tantôt par les goélettes qui faisaient le service. Le père
passait ainsi quinze jours par mois sur les navires;
mais au prix de tant de fatigues il pouvait administrer les derniers sacrements à la plupart des malheureux qui succombaient, et leur donner une sépulture
chrétienne.

Ces voyages cessèrent quand le P. Bigot, envoyé de
France, fut dirigé sur Saint-Georges, accompagné du
frère Bazin. Lorsque le P. Hus lui annonça quelle était
sa périlleuse destination, le P. Bigot remercia avec une
effusion de joie. « Si j'avais été libre de choisir, dit le
père, c'est là que j'aurais été. » Il voulut partir à l'instant même, et se prosterna devant l'autel, où il demeura longtemps bénissant Dieu du bienfait qui lui
était accordé.

Quand le P. Bigot arriva à Saint-Georges, le pénitencier était dans une situation déplorable. Fondé depuis huit mois, l'établissement avait perdu la moitié
de ses transportés. Sans secours religieux, les malades
exprimaient hautement leur désespoir; les suicides
n'étaient pas rares. Ceux que la maladie avait épargnés

poussaient des cris semblables à ceux qui s'élèvent des maisons d'aliénés. On chercherait vainement à peindre l'exaltation fébrile de ces malheureux déportés ; il est à remarquer que la plupart demandaient un prêtre. « Ah ! disaient-ils, si encore nous avions un aumô- nier. » L'arrivée du P. Bigot fut saluée avec enthou- siasme. La foule se pressa autour de lui ; et lorsqu'on le vit se diriger avant tout vers l'hôpital, on le suivit respectueusement avec un bonheur véritable. « Eh quoi ! mon père, vous venez au milieu de nous ! mais ce ne sera peut-être qu'en passant ? — Non, mes amis, s'écria le père ; j'ai su que vous étiez sans secours reli- gieux, et je viens pour ne plus vous quitter ; je souf- frirai et mourrai, s'il le faut, avec vous. »

A l'hôpital, un malade dit à haute voix : « Enfin nous ne mourrons plus comme des chiens. » Un autre reprit : « Nous aurons donc quelqu'un qui nous aimera ; car, s'il ne nous aimait pas, il ne viendrait pas dans cet enfer. »

Oui, le P. Bigot aimait ces malheureux ; il les aimait tant, qu'il leur donna sa vie. Ce digne père ne vécut que quatre mois à Saint-Georges, et l'on ne saurait comprendre par quel miracle il accomplit tant de bien en si peu de temps.

Les deux tiers de la population se composaient de noirs venus des Antilles, outre ceux de la Guyane. Le nombre des blancs diminuait chaque jour, et ceux que la maladie ne retenait pas à l'hôpital étaient incapables de tout travail et se traînaient péniblement, le dos courbé, la tête basse ; ils étaient convaincus, et le disaient sans cesse, que tous, sans en excepter un seul,

seraient morts à la fin de l'année. Il devenait de plus
en plus évident que les Européens ne s'acclimateraient
jamais à Saint-Georges. Le gouverneur résolut de cesser
les envois.

Le P. Bigot ne tarda pas à tomber malade; mais il
résista avec une énergie surhumaine. Il avait pris sur
ces malheureux un ascendant incroyable. Son exquise
nature, son tact prodigieux, sa douceur, le charme
singulier de ses discours, son courage modeste, son
dévouement plein de bonhomie, en un mot, sa charité
évangélique lui créaient une situation à part, une supériorité incontestable. Le soir, il réunissait les transportés à la chapelle, pour réciter les prières et chanter
des cantiques. Les malades mouraient avec une résignation et parfois une joie qui arrachaient des larmes
aux assistants.

L'un d'eux, qui à la première visite du père avait
cru l'éloigner en disant : « J'ai lu Voltaire, » devint
dans les derniers jours de sa vie un modèle de piété et
l'édification de tous les malades. Il prit la main de l'aumônier, la porta sur son cœur, et prononça ces paroles
d'une voix émue : « Mon père, je suis reconnaissant;
je vous ai fait ma confession comme je l'aurais faite à
Dieu; je vais mourir, l'âme pleine de confiance; oui,
Dieu m'a pardonné, je le sens; je serai éternellement
heureux, et c'est à vous que je devrai mon bonheur. Si
vous aviez tardé d'un seul mois à venir en Guyane,
j'étais perdu. »

Le P. Bigot écrivit ces mots, après avoir fermé les
yeux du malheureux.

D'autres lui disaient : « Je suis très heureux de
mourir en ce moment, je ne serai jamais mieux disposé. »

Le saint aumônier savait que sa fin approchait ; la
fièvre le dévorait, et ses forces diminuaient sans affaiblir
son zèle. Un jour, ne pouvant achever l'enterrement
qu'il conduisait, il s'évanouit sur le bord de la tombe,
et faillit glisser dans la fosse où le mort venait d'être
déposé. Ces accidents, sans cesse renouvelés, obligè-
rent le P. d'Abbadie, envoyé pour l'assister, à le faire
rappeler par le supérieur. Le P. Bigot quitta donc
Saint-Georges, les larmes aux yeux. Il dit un dernier
adieu à ceux qu'il nommait ses enfants, et qui tous
pleuraient leur aumônier. Transporté à l'hôpital sur un
brancard, le saint homme commença son agonie. Peu
de jours après, il rendait à Dieu sa belle âme. Cédant à
la prière de tous les transportés, le commandant les
exempta de travail pour qu'ils pussent assister aux funérailles de celui qu'ils avaient tant aimé.

Les nègres disputèrent aux blancs l'honneur de
porter le cercueil, disant que le père les avait baptisés
et appelés à la première communion ; les blancs répon-
dirent que le père était Français comme eux, et qu'il
s'était expatrié pour vivre et mourir avec ses amis les
déportés. Enfin les blancs portèrent le corps du Corbet
à l'église, et les noirs, de l'église au cimetière. On
entendait les sanglots s'échapper des poitrines. Ces
hommes d'origines si diverses, ces hommes coupables,
flétris par la loi, maudits, repoussés, marchaient en
silence, sous un soleil dévorant; leurs cœurs retrou-

vaient des élans généreux. Un condamné, qui avait entendu la justice française prononcer son arrêt de mort, portait la grande croix d'argent; s'agenouillant sur la tombe du jésuite, il baisa la terre au nom de tous.

X

La société française tout entière a vu les jésuites
instruire la jeunesse, enseigner les lettres et les sciences,
et répandre cette forte éducation qui imprime un caractère, une dignité, une fermeté remarquables. La
société française a pu entendre sous les voûtes de nos
églises la voix éloquente et toujours généreuse des
jésuites. Le peuple des faubourgs de Paris connaît
mieux que personne l'immense charité de la compagnie de Jésus ; il n'est pas un soldat qui n'ait admiré
le courage des jeunes gens élevés par les jésuites, leur
patriotisme et leurs glorieux sacrifices pendant la
guerre de 1870. Combien parmi nous n'ont-ils pas
reçu aux ambulances les soins paternels des jésuites ;
enfin, dans cette société française si éclairée et si généreuse, qui oserait se dire plus savant que les jésuites,
et plus patriote que leurs disciples ?

Voilà que les religieux abandonnent tout, leur cellule, leurs livres, leurs écoliers, leurs autels, leurs
chaires, leurs études et puis leurs amis et leurs pro-

ches, pour aller au loin partager le sort des galériens;
leurs esprits, habitués aux délicatesses de la pensée,
au charme du travail intellectuel, vont descendre jusqu'à terre et s'y traîner dans une boue sanglante; ils
vont souffrir dans leur âme et dans leur corps, ils vont
être en contact avec la maladie et le vice; enfin, ils
vont mourir pour les malheureux que les hommes ont
chassés de leur présence. Vous avez jeté un regard de
mépris et de dégoût sur les galériens, et vous ne dé-
tourneriez pas la tête pour laisser tomber une obole
dans leur main, où le sang vous semble ineffaçable.
Les jésuites ont lavé ce sang dans les larmes du repentir; sous la cendre qui recouvre les âmes, ils ont
retrouvé des étincelles : ces étincelles sont devenues des
flammes qui ont éclairé le présent et l'avenir. L'espérance a remplacé le désespoir, et ces galériens, qui
n'avaient aux lèvres que la malédiction, ont murmuré
les prières de l'Église. Ces misérables qui désespéraient
de la pitié des hommes ont appris ce qu'était la miséricorde de Dieu.

N'est-ce donc rien que tout cela, et faudra-t-il encore
entendre l'ignorance et la mauvaise foi reprendre contre
la compagnie de Jésus les calomnies du dix-huitième
siècle? Le jésuite, dites-vous, est l'adversaire de l'esprit moderne, du progrès et de la liberté. L'esprit
moderne, le progrès, la liberté, ont sans doute des
disciples et des maîtres. Qui donc les retient au rivage?
Que ne vont-ils au delà des mers, dans de lointains
pays, souffrir et mourir avec leurs frères égarés ou
pervertis! Nul ne l'ose, excepté le religieux. Ce spec-

tacle n'est-il pas fait pour prouver de quel côté se ren-
contre la vérité? Dans cette multitude de criminels, il
ne s'en trouva qu'un très petit nombre qui ne vinrent
pas à l'aumônier; mais, à l'heure de la mort, presque
tous demandèrent le prêtre. Ce fait inspire à l'un des
missionnaires les réflexions suivantes : « Tous ceux
qui avaient reçu dans leur enfance une éducation chrétienne, quelque faible qu'elle fût, revenaient facilement vers Dieu. On eût dit qu'après dix, vingt, trente
ans d'indifférence ou d'oubli, après des égarements
sans nombre, le germe qui avait été déposé dans leurs
âmes soit par le curé du village, soit par la mère de
famille, fleurissait tout naturellement, comme une
plante oubliée dans la terre. Mais les condamnés qui
n'avaient jamais rien su de la religion, ceux dont l'enfance s'était écoulée dans l'ignorance et le vice, présentaient aux missionnaires des difficultés presque
insurmontables. Les notions du bien et du mal demeuraient confuses, l'intelligence était alourdie, et les
appétits de la brute l'emportaient sur les sentiments
humains! »

Si jamais un peuple fermait ses écoles à Dieu, si l'enfant était privé de la parole du prêtre, si l'instruction
n'était pas intimement unie à l'éducation religieuse, ce
peuple se condamnerait fatalement à la décadence. Une
ou deux générations suffiraient pour faire disparaître
toutes les vertus, toutes les grandes pensées, tous les
élans généreux et jusqu'aux instincts de courage et
de dignité.

On parle souvent du respect que mérite la vieillesse,

et jamais du respect que l'on doit à l'enfance. Autant que la vieillesse et plus encore, croyons-nous, l'enfance veut être respectée. Accordez-lui donc l'éducation religieuse qui sera sa force et sa lumière pendant la vie. Enseignez-lui la prière en même temps que la lecture, même avant la lecture ; devenu homme, l'enfant aura un point d'appui, il saura que la force brutale n'est pas tout. Mais s'il s'égarait, s'il se perdait sur sa route, s'il allait jusqu'au crime, le législateur et le juge pourraient espérer que de l'enfance un vague souvenir subsiste encore. Respectez l'enfance, et à son tour elle respectera vos cheveux blancs, elle respectera les lois, elle respectera cette vieille civilisation tremblante sur sa base vermoulue.

Lorsqu'ils interrogeaient les déportés, lorsqu'ils les étudiaient de près, les missionnaires remontaient aux sources du mal. Excepté ceux qu'une aveugle passion avait armés pour un jour ou une heure, tous les autres étaient entrés dans la carrière du mal au sortir de l'enfance, faute d'une armure pour les défendre. Leur enfance, abandonnée aux corruptions des carrefours, n'avait pas trouvé dans l'instruction religieuse cette lumière qui éclaire les premiers pas ; leur enfance était demeurée sans respect. De chute en chute, ils avaient atteint l'infamie ; plongés au plus profond du gouffre, ils s'y débattaient avec rage, la haine au cœur. Respectez donc l'enfance en donnant à son âme autant de soins qu'à son corps. Si le prêtre ne lui enseigne pas l'obéissance, le travail, les douceurs de la prière, vous préparez des générations jalouses, ambitieuses, avides

de jouissances, faibles et lâches, toujours prêtes à la
révolte. Au lieu d'un peuple plus ou moins grand, vous
créez des populaces pour piller les moissons et brûler
les cités.

Un crime nouveau est venu s'ajouter aux crimes du
passé : on a inventé le condamné politique. Au lieu de
se cacher dans un repli du chemin pour s'emparer de
la bourse du passant, cet homme s'est caché derrière
une barricade pour assassiner le soldat de la loi ; il a
versé le sang innocent, il a bouleversé la société, répandu la terreur, abaissé la patrie ; mais on le sépare
des criminels ordinaires, parce qu'il a frappé la société
au lieu de frapper un voyageur. Les missionnaires ont
connu cet homme. Il était d'une ignorance extrême,
vaniteux, sans dignité, incapable de tout travail, et vil
esclave d'un maître invisible. Le mot fanatisme exprime
mieux que tout autre le sentiment qui anime le condamné politique ; il est de race : son père assassinait
les soldats suisses en 1830 ; son ancêtre était couvert
du sang de la princesse de Lamballe. S'il connaissait
l'histoire, il réclamerait pour les siens les scènes tragiques de la Ligue, ou les saturnales de la Fronde. Son
jour de gloire est la prise de la Bastille, dont il ne sait
ni le ridicule ni la cruauté. Avec cet homme sans instruction et sans esprit, les missionnaires, si savants et
si intelligents, durent se livrer à de pénibles discus-
sions. Ce fut peut-être le plus blessant de la tâche ;
mais quelques conversions les récompensèrent de tant
d'humiliations.

Les aumôniers écrivaient presque tous leur *journal*,

recueil d'observations et de faits souvent remarquables.
Ils en savaient plus que personne sur les condamnés.
Nous empruntons quelques détails à ces notes prises au
jour le jour.

De la Montagne d'Argent. « Parmi les cent cinquante
repris de justice arrivés ici de Saint-Joseph le 4 novembre 1860, et de France par l'*Amazone* il y a trois mois,
un grand nombre rapportent de la mère patrie une
grande irritation contre les jésuites. On leur a dit là-
bas que nous étions les auteurs de leur transportation
en Guyane, et que nous touchions pour cela une sub-
vention de trois millions, sans compter les dix millions
déjà donnés.

« Il est impossible de s'imaginer combien ces malheureux sont crédules et combien de méchants esprits
abusent de cette crédulité. On leur a conseillé de dire
tous qu'ils étaient protestants. Je laisse aller, et par de
petits services, je gagne peu à peu leur confiance, évi-
tant de les froisser et me bornant à partager leurs peines
et leurs fatigues. »

Quelques jours après, le même missionnaire ajoute :
« Beaucoup sont malades, et je passe auprès d'eux mes
journées, les soignant, les consolant, leur faisant la lecture à haute voix. Ils m'ont, les premiers, parlé de religion ; mais je ne suis pas tombé dans le piège, et je
veux qu'ils aient faim et soif de la vérité chrétienne. »

Deux mois après : « J'ai d'abord converti un Parisien,
enfant des faubourgs, et qui exerce une grande influence sur ses compagnons. Cet homme jeune encore
appartient à une famille honorable ; il a été bien élevé.

Poète à ses heures, mon Parisien m'a adressé cet acrostiche où brille peu la poésie, mais qui prouve que mon impopularité a complètement cessé.

A MONSIEUR L'AUMONIER JARDINIER

J 'écris, amis, le nom d'un père,

A imé, chéri de ses enfants.

R évérons son saint ministère

D ans tous les lieux, dans tous les temps.

I nstruits par sa douce parole,

N ous ne pouvons perdre l'espoir.

L ci lui seul nous console

E n nous montrant notre devoir.

R espect à lui, c'est notre espoir. »

A côté de ce poète se trouvait un philosophe. Celui-là, toujours sérieux, s'était rapproché du missionnaire. Ancien maître d'école, il avait été condamné aux travaux forcés et regrettait le bagne sur les côtes de France.

« Vous avez demandé à venir à la Guyane, lui objectait le père.

— Oui, répondait le condamné. Trois mille signatures ont été données en quelques heures dans les bagnes, très spontanément, je le reconnais ; mais quelle valeur pourrait-on attribuer à une telle demande ? Aigris par la souffrance, séduits par de brillantes promesses, plongés dans l'ignorance, nous aurions signé tout ce qui devait nous procurer un changement : l'inconnu nous attirait.

« Pour que notre choix entre le passé du galérien et le présent du transporté eût une valeur sérieuse, il aurait fallu nous accorder un séjour de quelques mois dans la Guyane.

« Mais on n'oserait nous consulter aujourd'hui. Décimés par la mort, affaiblis par les plus cruelles maladies, trompés dans toutes nos espérances, maltraités par une administration imprévoyante, dupes de mille mensonges, nous n'avons ici que le jésuite et la sœur hospitalière pour nous soutenir, nous soigner, nous plaindre et nous aimer. »

Le missionnaire, afin de rectifier les idées de ceux qui l'entouraient, ne dédaignait pas d'entendre leurs plaintes, très rarement fondées. Ces hommes que la justice avait atteints se considéraient comme des vaincus ; ils discutaient leurs droits et ne cessaient d'invoquer tantôt une promesse, tantôt un règlement.

L'administration avait eu le tort de les combler de caresses et de proclamer hautement sa philanthropie. A de telles natures il faut toujours inspirer la crainte ; ces hommes ne peuvent prétendre qu'à la justice : leur reconnaître des droits est déjà une faiblesse, dont ils abuseront tôt ou tard.

Les aumôniers connaissaient mieux le cœur humain que l'administration ; ils ne cessaient de répéter aux condamnés que leurs souffrances étaient une expiation nécessaire. En toutes circonstances, ils réveillaient le souvenir des crimes commis, en faisaient ressortir l'énormité du mal, qui exigeait l'énormité du repentir ; ils se souvenaient de ces paroles du P. Lacordaire : « La crainte et l'espérance ne sont que les préliminaires de l'initiation chrétienne. »

Les missionnaires ne montraient pas aux déportés les jouissances qui les attendaient : des champs, des maisons, des familles, de l'or et l'estime des hommes ; ils ne parlaient que d'épreuves ici-bas, mais de récompense après le repentir, récompense dans un monde meilleur, après avoir racheté dans celui-ci les fautes et les crimes.

Presque tous les déportés comprenaient le langage des jésuites, et l'administration appréciait en silence leurs efforts ; car « les vrais hommes de l'Église, sans jamais se montrer malveillants pour le pouvoir humain, ont tenu toujours avec lui une conduite réservée, noble, sainte, ne sentant ni le valet ni le tribun. » Cette pensée du P. Lacordaire en rappelle une autre qui s'applique aux déportés : « Avant que le chrétien se corrompe, il a passé par les joies de la pureté, et il en garde dans ses os une mémoire que toutes les profanations du vice ne peuvent entièrement effacer. »

Les *notes* d'un aumônier renferment ces lignes : « Un certain nombre de condamnés subit sans se plaindre les souffrances de la transportation : ce sont ceux qui voient dans le châtiment une expiation de leurs fautes passées, et qui bénissent la Providence de les avoir arrachés aux mauvais exemples et aux tentations qui les auraient fait succomber. »

Les jésuites voulaient amener insensiblement tous les condamnés à ces idées si chrétiennes ; mais un souffle de liberté avait troublé toutes les têtes, et l'autorité, peu habituée à ce régime nouveau, traitait en exilés ces forçats audacieux. Leurs plaintes étaient incessantes, jusqu'au jour où l'aumônier s'emparait des esprits. Cependant, excepté la maladie, le transporté avait peu de chose à redouter : la discipline était douce, les relations faciles et le travail moins pénible que celui de l'ouvrier dans les provinces de France.

Le régime alimentaire variait souvent. On n'a songé que fort tard à utiliser les produits du pays. La nourriture des transportés venait d'au delà des mers et consistait principalement en viandes salées ; deux fois par semaine la viande fraîche était distribuée, à moins d'impossibilité absolue. Dans ce cas, on substituait à la viande fraîche des conserves venues de France et fabriquées pour la marine ; un peu de vin, quelquefois une gratification de tafia, complétaient l'alimentation.

Les nuits étant à peu près égales aux jours, la vie du transporté était toujours la même : excepté les dimanches et jours de fêtes, le réveil au tambour se faisait à cinq heures du matin ; après une courte prière dans chaque case, le bouillon était distribué ; dans certaines localités, le café remplaçait le bouillon. A six heures on se rendait dans les chantiers ou les ateliers jusqu'à dix ; alors on rentrait pour dîner et se reposer jusqu'à deux heures et demie ; les travaux étaient alors repris jusqu'à cinq heures et demie. Le souper avait lieu ; puis on se reposait jusqu'à la retraite, qui se battait à sept heures et demie. Après l'appel, qui se faisait à huit heures, une courte prière précédait le coucher.

Ce régime n'avait rien de barbare, puisque sur les

vingt-quatre heures le transporté goûtait neuf heures de sommeil, travaillait sept heures et se reposait huit heures ; il est vrai que le climat était dévorant, qu'une transpiration constante inondait le corps, et que le moindre travail épuisait les forces.

XI

« On se tromperait étrangement, dit un aumônier,
si l'on s'imaginait que le missionnaire n'a besoin d'aucune préparation pour ses prédications diverses. Il est
infiniment plus difficile, plus délicat, de prêcher dans
un pénitencier que dans l'église de Cayenne. Au pénitencier, la critique est impitoyable : le moindre défaut
dans la prononciation, le geste hasardé, la tenue un
peu négligée, le débit exagéré, la recherche des expressions, le défaut de mémoire, sont discutés, commentés,
tournés en ridicule. C'est que parmi ces transportés se
trouvent un grand nombre de lettrés, des espèces de
savants qui sortent de toutes les classes de la société ; il
faut même le dire, l'instruction incomplète, le déclas-
sement, fournissent au crime plus de sujets que l'ignorance complète. On trouve entre leurs mains tous les
romans à sensations, ils ont des recueils de feuilletons,
ils citent à tous propos non seulement Voltaire et Rousseau, mais Georges Sand, Eugène Sue, même les éco-
nomistes et les libres penseurs. »

5*

Le plus grand nombre parmi les auditeurs se montrait plein de bienveillance pour les prédicateurs; ils comprenaient combien il était difficile de parler à une assemblée composée d'hommes libres et de condamnés. L'aumônier avait à ménager des susceptibilités irritables, à éviter les allusions, à présenter avec un certain charme des vérités sévères au fond.

Les ennemis de la religion, des prêtres et des jésuites en particulier, étaient, à la Guyane, ce qu'on nomme les *écrivains,* parce qu'ils sont employés dans les bureaux aux écritures de la comptabilité et tiennent les registres. Ces hommes n'étaient point condamnés comme assassins ou bandits de grands chemins; ils avaient commis des faux, s'étaient rendus coupables de vols considérables par la ruse et l'hypocrisie. Quelques-uns se vantaient de jugements à huis clos, mystérieux et romanesques; ils affectaient dans les pénitenciers un langage élégant, composaient des œuvres dramatiques, et ne dédaignaient même pas la politique. Un jour l'un d'eux traita d'*ignorants* les transportés appartenant à la classe ouvrière, et ne craignit pas d'ajouter : « Vous demanderez au père ce que c'est qu'un ignorant. » Entendant ce langage, l'aumônier répondit : « J'ai précisément sous les yeux la parole du R. P. Félix : « Par « ignorants, j'entends la foule qui lit et ne comprend « pas, qui a de la littérature et point de science, qui a « la passion du roman et l'horreur du catéchisme. Cette « foule, dans le pays du journal et des feuilles volantes, « est immense. »

Ces *écrivains* formaient la bourgeoisie de la déportation ; ils étaient l'obstacle le plus constant aux efforts des missionnaires. Plus méprisables que leurs compagnons, plus dangereux pour la société, ils professaient un profond dédain pour les malheureux employés aux travaux des ateliers et des chantiers. Les écrivains produisaient le plus grand mal sur les établissements pénitentiaires, où ils exerçaient une funeste influence par leur position, leur audace, leurs discours insensés. L'aumônier voyait parfois ses efforts de plusieurs semaines détruits en une seule journée par quelque plaisanterie grossière ; il se remettait à l'œuvre courageusement ; mais dans ce pays les travaux intellectuels épuisent promptement le corps, et la tête alourdie s'incline sur la poitrine dans une fiévreuse somnolence. On ne saurait imaginer une mission plus ingrate, et cependant pas un seul jésuite ne fut vaincu par les difficultés.

La journée du missionnaire était laborieuse. Entre quatre et six heures du matin, il se livrait à la méditation, montait à l'autel pour le saint sacrifice et visitait quelques malades en danger de mort ; de six à dix heures avait lieu le frugal repas du matin et la visite à l'hôpital ; de dix heures à deux heures, communications avec les transportés, distributions de livres à ceux qui en demandent, conseils à donner.

Sur un pénitencier, le prêtre seul représente les idées de miséricorde ; il est le confident, le consolateur, souvent le protecteur naturel de ces infortunés ; aussi ne se font-ils pas faute de recourir à lui : l'un fait écrire une lettre à sa famille ; l'autre parle de ses projets d'ave-

nir ; un troisième a des remords et voudrait réparer le
mal qu'il a fait. Le missionnaire écoute et cherche à
séparer la vérité du mensonge ; rien ne trahit en lui
mécontentement, l'irritation ou la lassitude ; car les
transportés ont d'étranges susceptibilités ; un seul mot
pourrait les éloigner à tout jamais du presbytère et
compromettre leur conversion trop chancelante. Après
avoir écouté les plaintes, il faut soulager ceux qui
souffrent, faire entendre le langage de la justice et de
la vérité, apaiser les irritations, calmer les impatiences,
en un mot, devenir pour les infortunés un véritable
père de famille. Ces entretiens occupent toutes les
heures pendant lesquelles les transportés sont libres ;
encore quelques-uns viennent-ils pendant les heures
consacrées au travail, laissant à peine au missionnaire
le loisir de réciter le saint office.

Les personnes libres se rendent aussi chez l'aumônier ; les malades le réclament et le retiennent près de
leur lit.

Un frère coadjuteur est ordinairement le compagnon
de l'aumônier et lui épargne les détails matériels ; ce
frère partage les repas du père, et le consolerait au besoin de son isolement au milieu de la foule. Le père
résidant à la Montagne d'Argent passe souvent un
temps considérable loin de ses confrères ; il est ainsi
privé de la confession. Dans le principe, il en fut ainsi
pour un grand nombre de pères : comme le P. Morez,
ils pouvaient mourir seuls, sans une parole chrétienne.

Les confessions et les communions des transportés

sont un des principaux devoirs de l'aumônier. Parmi ces infortunés, il en est qui n'ont jamais su un mot du catéchisme et ignorent ce qu'est la prière ; il faut les instruire comme de petits enfants. Beaucoup n'ont pas fait leur première communion ; il en était plusieurs qui n'avaient pas entendu parler du baptême. Ces hommes vivaient cependant au milieu de la civilisation. Comment s'étonner de tant de crimes ?

L'influence des missionnaires-aumôniers sur les établissements pénitentiaires a été immense. L'administration elle-même l'a reconnu. Toutes les concessions possibles étaient faites par l'aumônier ; aucun sacrifice ne lui coûtait pour contribuer au maintien de l'union entre les fonctionnaires. Ses relations bienveillantes, souvent amicales, lui permettaient d'appeler l'indulgence des commandants ou des chefs principaux sur les fautes commises par les transportés. La seule présence du prêtre au milieu de ces condamnés a été un bienfait. Son caractère imprimait aux relations une réserve inconnue jusqu'alors dans les ateliers et sur les chantiers.

Avant de poursuivre le récit de cette mission qui ne ressemble à aucune autre, avant de montrer de nouveaux jésuites mourant pour les forçats, jetons un rapide coup d'œil sur la compagnie de Jésus, dont on parle tant et que l'on connaît si peu. Le monde savant, le monde qui administre, le monde qui combat, le grand monde qui devrait gouverner les nations, est représenté dans la compagnie.

Le P. de Montfort, que nous allons voir à Cayenne, tes

un ancien élève de l'École polytechnique, ancien officier du génie, fils et frère des généraux de Montfort.
L'École polytechnique est généreuse envers la compagnie de Jésus. Elle lui a donné le P. Turquand, officier
d'artillerie; le P. Jomand, ingénieur des ponts-et-chaus-
sées; le P. de Binazé, ingénieur des constructions na-
vales, décoré de la Légion d'honneur pour une action
qui honore la France; le P. d'Esclaibes, ingénieur
des mines. Le P. Jaussier était officier de marine, aussi
bien que le directeur, aussi bien que le P. Bernière et
que le P. Leplat, qui commandait un vaisseau avant d'instruire la jeunesse ou de consoler un galérien. L'École
militaire de Saint-Cyr a donné à la compagnie les PP. de
Lajudic, Escofier et Fèvre, officiers distingués de diverses armes. Près de ces hommes qui connaissent les
moindres sentiers de la vie, de ces hommes si expéri-
mentés, se trouvent les doctes : le P. Joubert, docteur
ès sciences, ancien professeur à Rollin; le P. Legonix,
le premier de l'École normale, docteur ès sciences; le
P. Verdier, agrégé d'histoire, et bien d'autres encore,
sans compter le P. Olivaint, ancien professeur à Char-
lemagne, et qui eut la gloire d'être fusillé par la Commune.

Lorsqu'un aumônier mourait au milieu des transportés, et qu'il fallait le remplacer, le supérieur de
France était presque embarrassé, tant les demandes se
multipliaient. A la mort du P. Morez, quatre-vingts jésuites demandèrent à la fois l'honneur d'aller prendre
sa place.

XII

Dans les pénitenciers de la Guyane, aussi bien que dans les bagnes ou les prisons, une terrible maladie s'empare de certains condamnés. Cette maladie les domine, leur enlève tout repos et leur fait entreprendre des aventures insensées. Nous voulons parler de cette soif de liberté qui conduit à l'évasion. Lorsqu'un homme est atteint de ce mal, son intelligence, ses forces, ses ressources, semblent se développer ; l'unique pensée qui le poursuit le rend habile en toutes choses, et souvent il déploie une ruse ou une audace remarquable. Ce n'est pas la nostalgie, maladie lente, empreinte de tristesse et qui mine sourdement l'esprit et le corps. La soif de liberté, au contraire, active l'intelligence et double les forces.

A la Guyane, l'évasion était facile ; mais l'évadé ne recouvrait pas sa liberté. Celui qui cherchait à s'évader par terre pouvait sans difficulté s'éloigner des camps. Mais où dirigera-t-il ses pas ? S'il s'approche des habitations, il sera pris et reconduit par les noirs et les Indiens, auxquels l'administration coloniale paye une prime. S'éloignera-t-il des lieux habités ? Il s'égarera au milieu des forêts, des savanes, des marais ; il ne pourra franchir les immenses cours d'eau. Comment se procurera-t-il la nourriture ? Comment résistera-t-il aux animaux sauvages, aux tigres surtout prêts à le dévorer ? Cependant des tentatives désespérées ont lieu chaque jour. Ils partent en petites bandes de dix ou quinze hommes, emportant des vivres, des couteaux, même des pistolets. Jamais une tentative d'évasion par terre n'a été couronnée de succès. Une de ces bandes, ayant marché toute une nuit et se croyant fort loin du pénitencier, alluma des feux le matin. La fumée les fit découvrir : ils ne s'étaient éloignés que d'une demi-lieue.

D'autres bandes ont eu des aventures plus tragiques. Nous nous bornerons à rappeler celle-ci : au mois de décembre 1855, quatorze forçats répartis en deux bandes s'évadèrent du pénitencier de Sainte-Marie. La première bande, composée de huit hommes, s'éloigna le 16 ; elle était commandée par Étienne. La seconde suivit, le 29 décembre. Ces six condamnés obéissaient à Raisseguier, nature énergique et conservant encore quelques sentiments honnêtes. Lorsque les six derniers évadés rejoignirent ceux qui les précédaient le 5 janvier 1856, des vides s'étaient faits dans la première troupe. Assassinés par leurs compagnons, plusieurs d'entre eux avaient servi de nourriture. Raisseguier exprima une vive indignation, et sa mort fut résolue. Profitant de son sommeil, les bandits se précipitèrent

sur lui, armés de haches et de couteaux ; mais il opposa
une résistance énergique et parvint à se sauver. Il re-
parut à l'établissement de Sainte-Marie le 7 janvier,
sanglant, meurtri et pouvant à peine se soutenir. Un
détachement de la force publique parvint, après quelques jours de recherches, à s'emparer des forçats évadés. On découvrit le corps ou plutôt le squelette d'un
nommé Benoît ; les chirurgiens reconnurent qu'il avait
été dépecé. Cependant les vivres ne manquaient pas
encore, et l'acte de barbarie était d'autant plus horrible.

Entre le moment de la fuite de Raisseguier et leur
arrestation, les misérables évadés tuèrent leur cama-
rade Logé, et firent griller ses chairs pour les dévorer.
L'un des condamnés, nommé Vivien, ancien garçon
boucher, réclama le soin de découper son compagnon.
Le soir même, il servit au repas de ces misérables.
Deux autres évadés de la première bande, Paris et Gal-
lois, n'ont jamais reparu. Ont-ils eu le même sort que
Logé et Benoît? La procédure fut prompte, et l'échafaud se dressa sur le pénitencier de Sainte-Marie, en
présence des transportés à genoux, entourés de soldats
prêts à faire feu.

La vie des aumôniers était à la merci de tels bandits,
mais aucune tentative d'assassinat ne fut signalée. Il
n'en fut pas de même des vols. Le P. Ringot étant un
jour à la chapelle pour le saint sacrifice, le condamné
Martin Riancourt se glissa dans la case servant de presbytère, brisa le secrétaire, et s'empara des lettres pour
les vendre la somme de 60 francs. Ce condamné était,

avant la révolution de 1848, placé sous la surveillance
de la haute police à la suite d'une condamnation afflic-
tive et infamante. Profitant du désordre des premiers
jours, il se fit nommer sous-préfet du Havre par le gouvernement provisoire. Quelque temps après, l'un de ses
anciens compagnons de captivité le reconnut dans une
cérémonie publique présidée par M. le sous-préfet. Il
fallut acheter le silence du compagnon. Mais celui-ci fit
observer que l'on ne saurait payer trop cher sa discrétion. Il revint à la charge et ruina insensiblement le
sous-préfet, qui se ressouvint de son ancien métier de
galérien. Il ne trouva rien de mieux que d'assassiner
cet incommode témoin de son passé. Ce nouveau crime
lui valut une condamnation aux travaux forcés à perpétuité. A la Guyane, ce Martin Riancourt commettait
des vols avec effraction, servait à l'espionnage et prononçait des discours qu'imprimaient les journaux de
France en 1852. Ce misérable mourut quelques années après, à l'hôpital de Cayenne, dans de bons sentiments.

Il fallait toute la charité des missionnaires, leur
dévouement et leur courage pour vivre en telle compagnie. Le P. Boulogne, vétéran des missions et qui avait,
pendant plus de vingt ans, exercé son ministère aux
Indes orientales, arrivait de France au mois d'avril 1853
et remplaçait à l'île Royale le P. Ringot. Celui-ci prenait à l'îlet la Mère la place du P. Herviant. Tous trois
sont morts à la peine.

Au mois de novembre de la même année, le P. Rollinat, accompagné du F. Provost, venait remplir le

vide laissé à la Montagne d'Argent par la mort du
P. Morez. Vers le même temps, le P. Leroy s'établissait
à Saint-Joseph, que le départ du P. Liaigre, renvoyé
en France par les médecins, avait laissé sans aumônier.
Chacun de ces pères se mit ardemment à l'œuvre. L'un
d'eux, le P. Boulogne, qui joignait au ministère de l'île
Royale celui de Saint-Joseph avant l'arrivée du P. Leroy,
ne put soutenir longtemps un tel excès de travail. Abattu
par la maladie, il dut être remplacé au mois de décembre par le P. Gaudré, arrivé de France depuis quelques
jours seulement.

L'île Royale et Saint-Joseph n'étant séparés que par
un petit bras de mer, les aumôniers de ces deux îles
pouvaient vivre dans une sorte de communauté. Cet
avantage était un véritable bonheur pour les missionnaires, qui oubliaient ou surmontaient leurs cruelles
épreuves en les partageant. Tous les pères d'ailleurs
se louaient de leurs rapports avec les transportés. « Je
les trouve très polis à mon égard, écrivait le P. Leroy,
même ceux qui sont loin d'être bien notés. Je m'entretiens souvent avec eux, et il est aisé de voir qu'ils me
considèrent comme un ami. » Or ces hommes étaient
les détenus politiques, les plus difficiles à aborder,
comme l'on sait.

L'aumônier de l'île Royale, le P. Gaudré, signale les
mêmes dispositions dans une de ses premières lettres :
« En résumé, nous trouvons les cœurs généralement
bien disposés. Nous devons cela, en grande partie, aux
missions de Brest, de Toulon et de Rochefort. Je n'aurais jamais cru que les exercices pussent produire sur

de tels hommes une si forte et si durable impression.
Ils aiment la religion, les prêtres, les jésuites, et parlent sans cesse des PP. Lavigne, de Damas, Prat, etc. »

A la Montagne-d'Argent, le P. Rollinat et le F. Provost ne bornaient pas leurs soins aux condamnés ; ils
s'occupaient aussi des Indiens épars dans la contrée.
Après une excursion, le F. Provost écrivait : « J'avais
quitté la Montagne d'Argent pour me rendre à Ouanary,
village situé sur la rivière de ce nom. J'étais en compagnie de douze transportés. Le village forme une
petite chrétienté de cent vingt à cent trente nègres
environ. Ces pauvres gens étaient privés de tout secours religieux. Lorsqu'ils apprirent qu'un frère arrivait, ils se rassemblèrent pour me recevoir ; une femme
qui parlait un peu français me dit : « Nous ne pouvons
pas faire notre salut ici, nous n'avons pas de père
pour nous confesser et nous dire la messe ; envoyez-
nous donc le père de la Montagne. » Une bonne vieille
me fit appeler pour me dire : « Je suis vieille et aveugle ; je vais bientôt mourir ; dites au père de venir
me confesser, car je veux aller au ciel ; de grâce, qu'il
ne retarde pas sa visite. »

L'aumônier de Saint-Georges, pénitencier situé dans
les terres, loin de la mer, était plus que tout autre
en rapport avec les indigènes. « Outre le personnel
de notre établissement, écrivait le P. d'Abbadie, je
m'occupe encore des habitants des deux rives de l'Oyapock et des fleuves voisins, ainsi que des Indiens
sauvages qui viennent quelquefois à Saint-Georges du
milieu des forêts, car il n'y a dans tout le pays d'autre

prêtre que moi. Pour réunir plus facilement ces pauvres gens, j'ai choisi l'ancien poste militaire nommé
Malouet, qui n'est plus gardé que par un soldat. Nous
avons déjà eu six premières communions et trois mariages.

« A gauche de l'embouchure de l'Oyapock est une
rivière nommée Ouanary, sur laquelle se trouve une
habitation convenable, tenue par un Français ayant à
son service un assez grand nombre de nègres. Ces derniers viennent à Saint-Georges pour faire leurs pâques.
J'en ai vu plusieurs qui avaient encore de grands cha-
pelets semblables à ceux de nos missionnaires, et qui se
réunissaient tous les dimanches pour le réciter ensemble ; il y avait là autrefois une mission établie par nos
anciens pères.

« Je ne veux pas terminer ma lettre sans vous parler
d'une vieille mulâtresse, âgée de plus de cent ans, et
qui est actuellement, dans toute la Guyane, l'unique
personne qui ait connu nos anciens pères. Mme Placide,
c'est le nom de cette vénérable chrétienne, demeure à
une lieue de Saint-Georges. Dieu semble l'avoir conservée dans ce pays, si dépourvu de secours religieux,
pour empêcher que la foi ne s'y perdît totalement. »

Née vers 1746 et baptisée à l'âge de quatorze ans
par un missionnaire jésuite, la bonne mulâtresse avait
continué à recevoir les instructions des missionnaires
de la compagnie, même après la suppression de l'ordre ; car le gouvernement, à défaut d'autres ecclésiastiques, avait dû demander aux anciens jésuites de remplir les fonctions du ministère. Mme Placide se souvenait

avoir vu le P. Éléazar Fauque, devenu curé de Notre-
Dame de Sainte-Foi de Camoppi ; le P. Cazavane, curé
de Saint-Paul de l'Oyapock, et le P. Juste, curé de Saint-
Pierre de la Pointe. Cette excellente chrétienne avait
si bien profité des leçons des missionnaires qu'elle continua, pour ainsi, dire leurs œuvres, lorsque l'exil ou la
mort en eut privé la colonie. Sa maison devint le lieu
de réunion de toutes les négresses des environs. On y
priait en commun, on y chantait des cantiques, on y
apprenait la doctrine chrétienne. Dans la suite, si
Mme Placide apprenait l'arrivée d'un prêtre dans ces parages, elle allait le trouver avec celles de ses filles spiri-
tuelles qu'elle pouvait rassembler, et toutes, profitant
de cette occasion providentielle, recevaient les sacrements de pénitence et d'eucharistie. Ayant su du commandant de Saint-Georges qu'un aumônier était attaché
à l'établissement, elle s'informa avec empressement si
ce prêtre appartenait à la compagnie de Jésus. Sur la
réponse affirmative, elle envoya demander au père s'il
voudrait bien lui faire faire ses pâques. On vit donc
arriver à Saint-Georges, le dimanche des Rameaux,
cette vénérable femme de cent dix ans et plus, qui semblait recouvrer les forces de sa jeunesse à la pensée de
revoir les religieux dont le souvenir ne s'effaçait pas de
son cœur. Toutes les négresses des environs étaient
convoquées pour accompagner leur vénérable mère,
car toutes lui donnaient ce nom ; rien de plus touchant
que l'expression de foi qui animait cette vénérable
femme, lorsque le P. Bigot lui donna la communion.

Le P. d'Abbadie ajoute à son récit : «Nous avons ren-

contré, dans l'histoire de l'Église, peu d'épisodes plus
attachants que celui de cette excellente mulâtresse. »

Mᵐᵉ Placide vivait encore en 1857. Le P. Gaudré ra-
conte ce qui suit sur ses derniers jours : « Mᵐᵉ Placide
se plaît à me répéter les noms des pères de l'ancienne
compagnie qu'elle a connus. Je n'ai jamais vu prier
avec une plus vive expression de foi. Quinze jours avant
sa mort, elle me chantait de vieux cantiques avec une
fraîcheur de voix qui m'étonnait. A ma dernière visite,
quoique ne trouvant en elle d'autre maladie que la faiblesse, je me décidai à lui donner la sainte communion
et l'extrême-onction ; deux jours après je reçus la
nouvelle de sa mort. »

XIII

Telle était la situation des pénitenciers lorsque, le 29 janvier 1854, arrivait par l'*Armide* un nouveau gouverneur de la Guyane, le capitaine de vaisseau Bonard, ancien gouverneur de Taïti. L'amiral Fourichon emporta l'estime et les regrets de la colonie ; il partait avec la conviction, partagée par tous les Européens, qu'il serait impossible de réaliser les projets conçus trop à la hâte. Le nouveau gouverneur ne tarda pas à être nommé contre-amiral. Il comprit tout d'abord que de nouveaux établissements devenaient nécessaires : les îles étaient encombrées ; la Montagne d'Argent ne pouvait recevoir dix hommes de plus ; Saint-Georges devenait inhabitable. Le gouverneur se mit donc à la recherche d'un terrain propre à la réalisation de ses projets. Il crut l'avoir découvert sur les rives de la Comté, au sud-ouest de Cayenne, dans une position plus rapprochée que Saint-Georges du chef-lieu de la colonie.

Sous le règne de Louis XIV, ce terrain avait été

concédé à M. de Gennet, et le roi l'érigea même en
comté en 1698. C'est de là que vint le nom de *Comté*.
Le premier poste que fit occuper le gouverneur fut
une ancienne habitation nommée *Cacao*, à cause du
grand nombre de cacaotiers qui couvraient le pays. On
lui donna depuis le nom de *Sainte-Marie*. Le contre-
amiral Bonard y fit transporter les libérés et les repris
de justice, qui attendaient à l'îlet la Mère qu'on eût fixé
le lieu de leur résidence. Quelque temps après, le
gouverneur fondait *Saint-Augustin*, sur la rive droite
de la Comté, comme Sainte-Marie, mais plus près de
son embouchure.

Le P. Raulin fut le premier aumônier de Sainte-
Marie; il y arriva au mois d'octobre 1854, et ne tarda
pas à exercer une influence extraordinaire par son caractère ferme et loyal, sa parole empreinte de charité
et d'autorité, et cette supériorité d'intelligence devant
laquelle on s'inclinait respectueusement. Ce digne père
ne demeura que peu de temps à Sainte-Marie; il tomba
malade et ne survécut que neuf mois. Son remplaçant
fut le P. Alet, qui arriva à Sainte-Marie au mois de juin
1855 et mourut trois mois après. Le P. Rollinat dut
rentrer en France et fut remplacé par le P. Beignet, de
la Montagne d'Argent.

Ce fut à cette époque que le P. Hus reprenait la route
d'Europe, à la suite de quelques difficultés administra-
tives qui ne pouvaient se résoudre qu'à Paris. Le
P. d'Abbadie remplit les fonctions de supérieur par
intérim. Ce père devait aussi mourir quelques mois
après.

La fièvre jaune se déclara. De Cayenne le fléau s'étendit aux îles du Salut, et ne tarda pas à envahir la Montagne d'Argent. Le P. Ringot, aumônier de l'îlet la Mère, fit faire des prières publiques pour obtenir du ciel la cessation du fléau, et presque tous les transportés s'associèrent de grand cœur à cet acte religieux. La maladie est d'ordinaire un éloquent prédicateur ; on le vit dans ces douloureuses circonstances. Tous les mourants, sans exception, demandèrent avec empressement les secours de la religion. Malgré la salubrité proverbiale de l'îlet la Mère, ce pénitencier devint bientôt un véritable hôpital. Le P. Ringot passa ses jours et ses nuits à soigner les déportés atteints de la fièvre jaune ; accablé de fatigue, il tomba malade. A cette nouvelle, une véritable consternation frappa le pénitencier ; les malheureux proscrits redoutaient pardessus tout de mourir sans les secours de l'aumônier. Le P. Ringot s'empressa de les rassurer, et leur fit dire que, tant qu'il aurait un souffle de vie, il ne les abandonnerait pas. Ne pouvant ni marcher ni même se soutenir, le P. Ringot se faisait transporter sur un brancard près des malades, et lorsque ses forces l'abandonnaient complètement, on le portait sur son lit. Parfois, lorsque le père était trop faible, le mourant lui était apporté. Dans l'un de ces voyages de l'aumônier à l'hôpital sur un matelas, il fut rencontré par le médecin. « Vous faites là une grande imprudence, mon père, lui dit celui-ci ; il y va de votre vie. — C'est possible, répondit le père, mais je ne puis me résigner à laisser un seul de mes enfants mourir sans secours religieux ; j'irai jusqu'à la fin. — Allez donc, reprit le médecin, Dieu est tout-puissant ! »

Ce docteur disait vrai : en effet, le P. Ringot fut visiblement protégé par le Ciel ; malgré des fatigues extrêmes, il parvint à se rétablir, et nous le verrons bientôt sur un nouveau champ de bataille, luttant contre le fléau avec une indomptable énergie et une charité sans pareille.

Les religieuses de Saint-Paul de Chartres étaient pour l'aumônier de précieuses auxiliaires ; elles servaient les malades avec la plus touchante abnégation. Obligées de veiller nuit et jour, privées de repos, on les voyait transporter les malades d'un lit à un autre, soutenir les têtes des mourants, ensevelir les morts. On ne saurait comprendre comment de faibles femmes pouvaient supporter des fatigues qui semblent au-dessus des forces humaines ; aussi les saintes filles ne furent-elles pas épargnées. L'une d'elles, la sœur Sainte-Anne, fit l'admiration du pénitencier, et, lorsqu'on sut qu'elle était à l'agonie, les transportés eux-mêmes s'agenouillaient et priaient pour la sœur.

Après deux mois et demi d'angoisses et de souffrances, le fléau sembla s'éloigner ; chacun espérait que l'épreuve était terminée, lorsqu'une imprudence ramena la fièvre jaune plus meurtrière que jamais.

Les marins qui stationnaient dans ces parages descendaient à terre pour leurs services ; ils furent atteints par la fièvre jaune et la communiquèrent à leurs équipages. C'est ainsi que le vapeur *le Rapide* perdit plus de la moitié de ses matelots et de ses officiers. Un mousse, âgé de quatorze ans, tomba malade à l'îlet la Mère et fut enlevé en trois jours. Le P. Ringot, convaincu qu'il y aurait danger à porter le corps à l'église, appela l'attention du commandant, qui consulta le médecin. Celui-ci, considérant la mort du jeune mousse comme isolée et sans rapport avec le fléau qui venait de cesser, fut d'avis qu'on pouvait faire à l'église les cérémonies habituelles. L'opinion du médecin l'emporta; mais peu de jours après l'îlet la Mère était une seconde fois ravagé par la fièvre jaune; l'hôpital recevait de quinze à vingt malades par jour, et l'aumônier donnait les derniers sacrements à dix ou douze malades dans le même espace de temps. Comme à la première invasion de la maladie, les mourants recevaient avec joie les secours de la religion ; deux médecins succombèrent en donnant des marques d'une profonde piété. L'un d'eux, jeune Breton, qui, depuis son arrivée à la Guyane, s'était proclamé libre penseur, changea complètement de dispositions sous le coup de l'épreuve, et fut, dans ses derniers jours, l'objet de l'édification universelle. Au moment de rendre le dernier soupir, il demanda publiquement pardon des scandales qu'il avait donnés; ses dernières paroles produisirent une immense impression sur les transportés, car ils admiraient ce médecin pour sa science et l'aimaient pour sa charité.

Les îles du Salut furent encore plus maltraitées que l'îlet la Mère ; la population y était nombreuse, et le mouvement continuel des arrivants et des passants contribuait au développement de la contagion ; c'est à l'île Royale, nous l'avons vu, que débarquaient les transportés à leur arrivée. Le fléau attaque de préférence, on le sait, et avec une violence exceptionnelle ceux qui ne sont pas acclimatés. Vers la fin de juillet, le F. Barbieux était atteint et mourait peu de jours après dans de grands sentiments de piété. Les trois pères qui faisaient le service religieux dans toutes les îles, les PP. Gaudré, Berriaud et Raulin, furent successivement frappés. Le premier demeura plus d'une semaine entre la vie et la mort, ses deux confrères durent le remplacer. Le jour même où le P. Gaudré put reprendre les pénibles travaux de son ministère, le P. Raulin tomba pour ne plus se relever ; le nouveau supérieur de la mission, le P. d'Abbadie, accourut pour lui fermer les yeux.

Le 28 juillet 1855, ce vaillant P. Raulin rendit à Dieu sa grande âme. Étendu sur sa couche funèbre, revêtu de sa soutane usée, il semblait respirer encore, tant sa physionomie conservait la sérénité religieuse de ses derniers moments. C'était bien le sommeil du juste. Les transportés accoururent en foule pour prier près du corps de leur meilleur ami ; ils contemplaient dans un morne silence ces traits où le calme de la sainteté s'unissait à la majesté de la mort. L'état-major et la transportation tout entière assistèrent aux funérailles du P. Raulin ; son corps fut conduit au cimetière Saint-Joseph, où il repose au milieu des transportés.

Ce jésuite mériterait une oraison funèbre. Son caractère plein de franchise, on pourrait dire de hardiesse, son cœur ferme et sensible en même temps, faisaient de lui un homme à part. Quoiqu'il ne fût à l'île Royale que depuis quelques mois, chacun l'aimait ; les transportés, qu'il soignait pendant leurs maladies, qu'il dirigeait vers le bien avec un tact admirable, acceptaient joyeusement l'ascendant qu'exerçait l'aumônier. « Nous avons tué cet excellent père, disait l'un d'eux pendant les funérailles ; il passait ses jours et ses nuits dans les salles de l'hôpital ; il est mort à la peine. »

Le nombre des victimes augmentait dans des proportions effrayantes ; les aumôniers et les sœurs étaient accablés de fatigues. L'une des religieuses tomba malade et fut bientôt dans un état désespéré ; les transportés qu'elle avait guéris, ceux qui la connaissaient étaient au désespoir. On ne cessait de parler de son dévouement, de sa charité, de son courage ; alors on vit ces hommes, dont quelques-uns semblaient avoir abjuré tout sentiment de foi et même d'humanité, se prosterner à l'autel de la Vierge et y faire brûler des cierges pour obtenir la guérison de leur chère sœur Solnie.

Les plus difficiles à aborder, même pendant les ravages de l'épidémie, étaient encore les condamnés politiques. Si quelquefois le zèle des missionnaires venait à échouer, c'était généralement près d'eux ; souvent même l'aumônier devait s'armer de patience évangélique et d'abnégation chrétienne pour supporter les procédés inconvenants et les paroles amères de ces malheureux.

Un jour, à l'île Royale, le père passait près du lit

de certain socialiste exalté et lui demandait, selon l'usage, des nouvelles de son état. « Nous n'irons bien, répondit le malade, que lorsque nous aurons fauché quarante mille têtes. — Pourquoi pas quatre cent mille? répliqua le missionnaire sans s'émouvoir; c'était le chiffre demandé par Marat. Il était plus logique que vous, ce Marat : vous ne tuez que quarante mille personnes, il en restera pour en former d'autres, et ce sera toujours à recommencer. »

Deux convois de transportés arrivèrent à la Guyane pendant l'épidémie; ils furent plus que décimés: sur cinq cents condamnés venus à bord de l'*Africaine*, quatre cents au moins succombèrent avant la fin de l'année.

Les pénitenciers de la Comté n'avaient pas tardé à être envahis par la contagion. Le P. Beiguer, rendant compte à son supérieur de la situation de ces contrées, lui disait : « Nous sommes dans le plus extrême embarras; il faudrait deux aumôniers à Sainte-Marie. Le P. Berriaud est seul dans le pénitencier, peuplé de onze cent cinquante personnes, dont cent trente malades; il doit se rendre chaque jour à Saint-Augustin, où les malades sont encore plus nombreux; il a donc environ trois cents malades à visiter dans les vingt-quatre heures. Je l'ai remplacé pendant treize jours; dans ce court espace de temps, j'ai eu vingt-trois décès à Sainte-Marie, sans parler des morts de Saint-Augustin. »

Dans toutes leurs lettres, les pères rendent hommage au dévouement charitable des sœurs de Saint-

Paul. Le P. Thébault fut par leurs soins arraché à une mort presque certaine. Le P. Alet avait remplacé à Sainte-Marie le P. Raulin, tombé les armes à la main. Vers le milieu de septembre, le nouvel aumônier avait la douleur de perdre, après trois jours de maladie, le compagnon de ses travaux, le F. Mouton. En annonçant cette triste nouvelle au P. d'Abbadie, le P. Alet ne semblait pas prévoir qu'il allait suivre de bien près le frère dont la mort le désolait.

En apprenant cette mort, le supérieur qui visitait les pénitenciers se rendit à Sainte-Marie; il y était à peine arrivé que la maladie atteignait le P. Alet; le supérieur dut se charger des soins du pénitencier. « J'avais à répondre, dit le P. d'Abbadie, à tous les transportés qui venaient voir l'aumônier, et ils venaient en grand nombre; je devais, en outre, visiter les deux cents malades qui encombraient cinq salles d'hôpital, administrer les mourants, enterrer les morts. Heureusement le F. Pingrenon arriva de Cayenne pour nous porter secours. Il était temps, car l'état du P. Alet s'aggravait rapidement et ne laissa bientôt plus d'espoir; je proposai au malade de recevoir les derniers sacrements; il les reçut, en effet, avec une touchante piété, et expira sans agonie et sans douleur pendant que nous récitions les prières des mourants. »

Le P. Alet était adoré de ses paroissiens. On le voyait toujours au milieu d'eux à l'hôpital, dans les blockhaus ou dans les cases; il n'était pas rare de le rencontrer dans le camp pendant la nuit, épiant l'occasion d'être utile à quelqu'un ; aussi tout le monde rendait justice à son zèle et à son dévouement. Sensible peut-être à l'excès aux douleurs des autres, il s'affectait vivement des punitions sévères qu'il voyait infliger aux condamnés coupables de fautes contre le bon ordre et la discipline ; il sollicitait leur grâce, et, lorsqu'il ne pouvait l'obtenir, il en était malade.

Trois mois avant sa mort, ce bon aumônier écrivait à son supérieur, le 22 juin 1855 : « Après la visite à l'hôpital, j'ai parlé à trois hommes qui avaient passé la nuit chargés de fers ; ce sont trois évadés, arrêtés hier. L'un d'eux tenait sa tête sous les rayons du soleil du midi et semblait dire : « Je veux mourir. » Je l'ai obligé à se mettre à l'ombre, et il a paru sensible à cette attention. Je viens d'écrire au commandant pour le conjurer de faire grâce de la bastonnade à ces hommes. Ma lettre est si respectueuse qu'il ne peut s'en fâcher. Si elle pouvait être l'occasion d'un acte de clémence, j'en serais bien heureux. L'évadé que j'ai administré hier vit encore, mais n'a pas recouvré la parole ; il me reconnaît et remue les lèvres pour dire *oui*, lorsque je lui propose de baiser le crucifix. Pauvre jeune homme, il a l'air si doux, et il est si malheureux !

« J'ai la réponse à ma demande, elle est négative. Je vais donc entendre encore ces cris de douleur qui me déchirent l'âme ! Si le devoir et l'obéissance ne me retenaient ici, je ne pourrais résister à un tel spectacle. Mais je suis assuré de faire la volonté de Dieu en souffrant dans ce bagne, et j'ai l'espoir de sauver quelques

âmes. Je resterai donc, s'il le faut, jusqu'au dernier
soupir.

« Avant-hier j'étais dans ma chambre, disposé
comme à toute heure à recevoir mes pauvres gens.
J'entends dans la galerie le bruit produit par un homme
qui se traînait avec peine et respirait difficilement.
C'était un forçat, un enfant de l'Auvergne, âgé de
vingt-cinq ans. « Mon père, me dit-il, j'ai la fièvre,
« voyez comme je tremble. Je me suis traîné jusqu'ici
« en souffrant, mais je voulais me confesser. » La
confession terminée, cet homme dit avec un vif
accent de reconnaissance : « Que je suis donc heureux
« d'être venu vers vous! Je donnerais tout pour la
« joie que je ressens. »

XIV

La mort du P. Alet privait la mission d'un talent distingué, d'un homme vertueux et d'un serviteur zélé. Peu de jours avant cette perte, le F. Lichtlé avait succombé à Cayenne même, où l'épidémie exerçait ses ravages avec une terrible violence. Trois mois plus tard, la mission perdait encore le P. Pierre Stumph, qui arrivait à la Guyane pour remplacer le P. Hus en qualité de supérieur. Il occupait ces fonctions depuis six mois à peine, à la satisfaction universelle, lorsque sa mort imprévue causa dans la colonie une véritable consternation. Il mourut de la fièvre jaune, le 20 avril 1856, après trois jours de maladie. Le P. Stumph, avant de mourir, avait désigné pour le remplacer par intérim le P. d'Abbadie, qui avait déjà rempli cette charge l'année précédente.

Le fléau continuait ses ravages avec une intensité croissante. Trois semaines après la mort du P. Stumph, le P. d'Abbadie tombait à son tour, et mourait, emporté, lui aussi, en trois jours par la fièvre jaune. Le P. Béiguer, annonçant cette douloureuse perte au provincial de France, disait : « Le P. d'Abbadie vient de nous être enlevé, et laisse un grand vide parmi nous.

Dès le second jour de sa maladie, il comprit la gravité de son état et se prépara sérieusement à la mort. On peut dire qu'à partir de ce moment sa vie n'a plus été qu'un élan d'amour vers Dieu, un continuel désir du ciel, une expansion de joie, qui ravissaient tous ceux qui le visitaient. Le gouverneur, témoin de ce spectacle, ne put s'empêcher de lui dire : « Oh! que vous « êtes heureux, vous autres! vous n'avez aucune « crainte de la mort. Tout le monde n'en est pas là! »

Ces détails sont empruntés à la *relation* du P. Boulogne, qui assista le P. d'Abbadie à ses derniers moments. Cette sainte mort arriva le 12 mai 1856. Toute la colonie éprouva une véritable douleur, car le P. d'Abbadie était vénéré des employés, des colons et des transportés. Il avait désigné le P. Beiguer pour remplir sa place en attendant un supérieur de France.

Le 3 août 1856, l'épidémie gagna la Montagne d'Argent, épargnée jusque-là. Bientôt l'ancienne chapelle et les quatre cases de l'hôpital regorgèrent de malades. Il y avait trois ou quatre décès par jour. Le P. Thibault, déjà malade, ne pouvait suffire aux devoirs de son ministère. Un mois après l'invasion du fléau, il y avait quatre-vingts décès à la Montagne d'Argent. On en compta onze dans une seule journée. Les 3 et 12 septembre, deux religieuses de Saint-Paul succombèrent : ce furent les sœurs Saint-Anaclet et Saint-Isidore. Le 20 septembre 1856, on apprenait la mort du P. Boulogne à l'îlet la Mère. Ce religieux modèle avait mérité l'estime et la vénération de tous ceux qui le connaissaient. Les transportés au milieu desquels il mourait le chérissaient comme le père de la famille et l'honoraient comme un saint.

Au milieu de ces calamités et de ce deuil public, une chose consolait : les aumôniers étaient partout accueillis avec une vive reconnaissance, et les transportés mouraient dans les meilleures dispositions.

Enfin, vers la fin de l'année 1856, la fièvre jaune diminua, et finit par disparaître presque complètement. Il était temps, car la Guyane française allait se changer en désert.

Deux autres pères moururent encore de la fièvre jaune, mais deux années plus tard. Nous devons cependant les compter parmi les victimes du devoir : ce furent les PP. Florent Ringot et Postel. Le premier, frère du P. Louis Ringot, dont nous avons parlé, succomba à l'île Royale, le 19 décembre 1858. Le P. Postel mourut à Cayenne, le 21 décembre de la même année. En trois jours, deux pères furent donc enlevés à la mission. Le P. Postel était arrivé de France depuis dix jours seulement.

Durant cette épidémie, la compagnie de Jésus perdit donc sept pères et trois frères. Un plus grand nombre fut atteint; mais ils se rétablirent plus ou moins complètement. Sept religieuses hospitalières furent aussi victimes de l'épidémie. Cinq moururent à Cayenne et deux à la Montagne d'Argent. Les sœurs employées près des transportés étaient cependant très nombreuses, et l'on est surpris de voir combien elles ont résisté au mal. Il faut se souvenir qu'une longue expérience a démontré que dans les pestes et les épidémies les femmes sont moins atteintes que les hommes, et que leur constitution, quoique plus faible, est moins vite abattue.

Au commencement du mois d'avril 1856, le gouvernement adressa aux jésuites aumôniers les plus chaleureuses félicitations pour leur conduite admirable pendant l'épidémie de la fièvre jaune. Le gouvernement se faisait ainsi l'interprète de l'admiration et de la reconnaissance de toute la colonie envers les pères de la compagnie de Jésus. Voici la lettre du gouverneur, qui était alors le contre-amiral Baudin.

« Cayenne, 2 avril 1856.

« Monsieur le supérieur,

« Par une dépêche du 1er février dernier, Son Excellence le ministre de la marine et des colonies me charge d'adresser un témoignage de satisfaction à MM. les missionnaires détachés dans les pénitenciers, à raison du dévouement dont ils ont fait preuve pendant l'épidémie, notamment le R. P. Boulogne, qui a été désigné par le contre-amiral Bonard comme s'étant particulièrement distingué.

« Je suis heureux, Monsieur le supérieur, d'avoir à vous prier de transmettre à ces ecclésiastiques l'expression de la satisfaction de Son Excellence.

« Recevez, etc.

« Signé : BAUDIN. »

A la suite d'une cruelle maladie, l'ancien gouverneur, le contre-amiral Bonard, était rentré en France le 30 octobre 1855. Il fut provisoirement remplacé dans ses fonctions par M. Masset, lieutenant-colonel du 3° régiment d'infanterie de marine, commandant militaire de la Guyane et des troupes de la colonie. M. Masset se concilia promptement les sympathies universelles. Sa justice, sa bonté et sa fermeté dans les circonstances graves le firent aimer et respecter.

Le contre-amiral Baudin était animé des mêmes sentiments, et dirigea l'administration dans d'excellentes voies. Après avoir été reconnu en qualité de gouverneur le 17 février 1856, il s'associait à la tête de son état-major à une manifestation religieuse. Les rues de Cayenne furent sillonnées d'une longue procession pour obtenir du ciel la cessation de l'épidémie.

Peu de temps après, le contre-amiral gouverneur écrivait au provincial de France, le conjurant de vouloir bien confier à la compagnie de Jésus la direction du collège de Cayenne. Au grand regret de l'amiral, le provincial ne put satisfaire son vœu. Le P. Xavier Bertrand, qui arrivait de France, fut envoyé, pendant le mois de février, au pénitencier de Saint-Georges. Chacun des autres pères demeurait à son poste, sans qu'un seul se sentît découragé par les difficultés sans cesse renaissantes.

Dans le courant de l'année 1857, le P. Berriaud organisa à la Montagne d'Argent une bibliothèque où les condamnés pouvaient se procurer de bons livres ; c'était en même temps combattre l'ennui et répandre l'instruction. Cette œuvre des bibliothèques se généralisa peu à peu, et produisit un bien immense dans tous les pénitenciers.

XV

L'auteur des *Souvenirs de la Guyane,* M. Armand
Jousselain, s'écrie : « Heureux qui n'a pas connu les
heures amères de la solitude et de l'exil, qui n'est pas
resté de longs jours surtout sans voir autour de lui ni
parents ni amis ; qui, pendant de longues années, n'a
pas été privé de reposer son regard sur un visage de
mère ou d'enfant !... Le ciel vous préserve de ces souffrances morales, qui sont plus cruelles que les souffrances physiques... La foi seule indique une consolation : l'espérance ; un remède : la charité !... »

Sans la foi, l'espérance et la charité, pourrions-nous
imaginer que des hommes se condamnent volontairement à l'existence des jésuites sur les pénitenciers ?
Ils avaient la vocation religieuse, ils voulaient se
séparer du monde, et se plongeaient pour cela dans
de profondes études. Lorsqu'ils avaient atteint un
degré de science inaccessible même aux lettrés, leurs
esprits planaient dans des sphères supérieures, des
sciences qui nous sont inconnues leur devenaient
familières ; ils embrassaient d'un vaste coup d'œil
toutes les connaissances humaines, et leurs esprits,

sans cesse en contact avec les grandes choses, se puri-
fiaient en se dépouillant des intérêts matériels. Leur
vie devenait, pour ainsi dire, délicate par cela même
que les sens n'y tenaient que la place indispensable à
l'existence humaine.

Lorsqu'ils avaient atteint le degré de perfection ;
lorsque de nombreux disciples accouraient autour d'eux
invoquant leurs leçons ; lorsque de leurs cellules sor-
taient chaque jour des œuvres qui enrichissaient le
trésor des connaissances ; lorsque leur parole retentissait sous les voûtes de nos cathédrales ; lorsque la
civilisation chrétienne les appelait de toutes parts, ces
hommes proclamaient un jour qu'ils ne nous demandaient que le martyre.

On les vit alors s'éloigner de leurs maisons silen-
cieuses, de leurs disciples bien-aimés, de leurs œuvres,
fruit de longues méditations ; on les vit descendre de
leurs chaires, se condamner à l'exil, pour s'attacher
aux pas des galériens. A leur grande existence morale,
à leur vie intellectuelle, ils ont fait succéder le bagne ;
leurs fronts ont touché ces têtes livides marquées du
sceau de l'infamie ; leurs mains ont été en contact avec
ces bras d'où le sang des victimes était à peine effacé ;
des paroles inconnues, brutales et féroces ont frappé
leurs oreilles ; leurs regards ont dû s'habituer à tous
les cynismes, et leurs esprits descendre jusqu'aux dernières limites de la brutalité.

C'est dans ces sacrifices qu'il faut chercher la magnificence de cette mission sollicitée par la compagnie de
Jésus. Si la mort est quelquefois brillante dans sa ra-

pidité , le mourir lent et successif est toujours cruel.
Un jésuite, qui en Algérie remplissait un grand et
pénible devoir, nous disait que la persécution lui im-
portait peu, que la faim et la soif le touchaient à peine,
que la chaleur et le froid le trouvaient insensible, mais
qu'il lui fallait toutes ses forces pour vaincre les répu-
gnances horribles soulevées par la malpropreté, la
vermine et le manque d'un verre d'eau.

Ces souffrances physiques, qui réagissaient sur le
moral, ne furent pas épargnées aux missionnaires des
pénitenciers; nous dirons quelle fut la nature de ces
épreuves. Voyons ce que devenait la colonisation.
Jusque-là les essais n'avaient pas été heureux. Au début
de la transportation, M. Sarda Garriga, sur un rapport
de M. Mélinon, fixé à la Guyane depuis 1839 , et commissaire à Mana, avait fait des préparatifs d'un établissement sur les bords du grand fleuve Maroni qui
sépare les possessions françaises de la Guyane hollandaise. Mais les gouverneurs qui se succédèrent abandonnèrent ce projet, et portèrent leurs vues sur d'autres
points de la colonie. On ne songea bientôt plus au
Maroni.

L'amiral Baudin reprit la pensée de M. Sarda et en
confia l'exécution à M. Mélinon. Le terrain choisi pour
le nouvel établissement était à sept lieues environ de
l'embouchure du fleuve, sur un terrain nommé *Pointe
Bonaparte*.

M. Mélinon partit avec le titre de commandant au
mois d'août 1857, accompagné d'une vingtaine d'hommes, et posa les bases du nouveau pénitencier, le

Maroni. Le P. Jardinier en fut le premier aumônier, et arriva le 19 octobre. L'amiral Baudin voulut présider lui-même à l'inauguration de la colonie ; il vint donc au Maroni avec son état-major, accompagné du supérieur de l'aumônerie, le P. Beiguer, et du F. Nœgert, destiné à partager les travaux de l'aumônier, qui était seul depuis son arrivée au Maroni.

L'inauguration eut la plus grande solennité. L'aumônier bénit d'abord ce qui devait être l'église, qui fut placée sous le vocable de *Saint-Laurent,* deuxième patron de l'amiral. Quelques jours après, les terrains furent bénis à leur tour, avant d'être concédés. Le gouverneur était entouré du directeur des établissements pénitenciers, du commandant et des officiers du Maroni ; placés sur deux rangs et formant un vaste carré, les transports entouraient un espace au milieu duquel s'élevait un arbre qui attirait tous les regards. Cet arbre devait recevoir le premier coup de hache des mains du gouverneur. Dans une chaleureuse improvisation, l'amiral fit entendre des paroles pleines d'à-propos, qui produisirent une vive émotion. Puis, levant la hache et au moment ce frapper, le gouverneur s'écria : *Forêt, recule !* L'arbre s'abattit avec un grand bruit, et s'étendit dans le carré, où il fut entouré par les vingt-quatre concessionnaires profondément émus. Reprenant la parole, l'amiral Baudin fit connaître toute sa pensée. L'œuvre qu'il inaugurait devait être avant tout *religieuse.* Les hommes qui avaient méconnu tous leurs devoirs envers la société ne pouvaient être réhabilités que par les maximes du christianisme. Cette œuvre devait ensuite être agricole et industrielle. On encourageait l'exploitation du sol et toutes les industries favorables au développement de la richesse coloniale. Enfin l'œuvre devait avoir son complément moral dans la formation de la famille. Les mariages seraient encouragés et rendus faciles par l'envoi dans l'établissement de femmes transportées. L'homme, devenu propriétaire d'une case et d'un terrain, pourrait demander à la femme qu'il aurait choisie d'associer son sort au sien par une union légitime. Les concessions, qui n'étaient d'abord que d'un hectare, furent doublées.

Tout faisait espérer un heureux avenir; aussi les lettres des aumôniers respirent-elles la joie et l'espérance. Le P. Jardinier écrit :

« Je suis depuis deux mois dans un nouvel établissement qu'on a entrepris de fonder au-dessus de l'embouchure du Maroni. Que veut-on faire ici? Essayer, mais cette fois sérieusement, l'œuvre magnifique de la colonisation par les transportés; faire retrouver à ces pauvres gens la paroisse, la famille, l'amour du travail et l'attachement au sol par le sentiment de la propriété. Puisse le gouvernement ne pas se laisser décourager par les obstacles! Ils ne manqueront pas de surgir sans doute, et d'autant plus nombreux que l'œuvre poursuit un but plus élevé; c'est la loi ordinaire des entreprises humaines. Cependant tout est de nature à donner bon espoir : le terrain est parfaitement choisi, la colonisation possible, facile même, et bien dirigée par un homme remarquable. Que Dieu

bénisse la petite colonie et son directeur ! Le succès serait avantageux et honorable pour la France et pour les
transportés. Ce fut dès le commencement le rêve de
tous nos pères, de ceux appelés à la récompense comme
de ceux laissés à la peine.

« On défriche en ce moment, et on construit à la
hâte des *carbets* provisoires qui permettront d'attendre
un établissement plus régulier. Les forêts vierges qui
vont être converties en jardins produiront considéra-
blement pendant les premières années ; déjà nous
mangeons ce qui a été semé il y a deux mois. Le pays
est coupé par des *criques*, petits ruisseaux qui offriront
une grande ressource pour les irrigations et nous four-
niront de l'eau douce. Du reste, à l'endroit que nous
occupons le fleuve n'est pas salé ; mais durant trois
mois, lorsque la sécheresse le fait baisser, la marée
montante altère la qualité de son eau, qui devient
saumâtre. »

Dans le nouvel établissement du Maroni, deux misères tourmentaient les déportés et plus encore, s'il
est possible, les employés et l'aumônier : d'abord les
petites mouches, puis les chiques. Les mouches arrivaient en nuages épais dès que le jour paraissait, et ne
se retiraient que la nuit. On pouvait les supporter en
marchant ; mais elles rendaient impossible le moindre
repos. On ne pouvait ni lire ni écrire, et leur contact
était un véritable supplice. Les chiques présentaient
de plus sérieux périls. La chique, espèce du genre
puce, nommée aussi *tique*, *puce pénétrante* ou *taon*,
est propre à l'Amérique méridionale. Elle s'introduit

sous la peau des talons et sous les ongles des pieds, et
y acquiert promptement le volume d'un pois par le gon-
flement d'un sac membraneux qu'elle a sous le ventre et
qui renferme les œufs; il peut en résulter des ulcères
dangereux si l'on n'en fait toute de suite l'extraction.

La chique pénètre sans occasionner de douleur;
deux ou trois jours après on éprouve des élancements
et d'insupportables démangeaisons; il devient impossible de poser le pied à terre. Ce n'est qu'en regardant
de fort près que l'on aperçoit un point noir entouré
d'un cercle blanc : c'est la chique, son nid et son enveloppe. Il faut alors s'armer d'un canif ou d'une lame
mince et tranchante pour enlever la partie malade; il
en résulte une plaie et de véritables souffrances. Tel
condamné se faisait enlever cinquante chiques le même
jour. Les Indiens qui entouraient le camp français se
servaient de grosses épingles pour se débarrasser de
ces hôtes incommodes; mais, comme ces sauvages n'a-
vaient point de vêtements pour attacher leur épingle,
ils la piquaient dans la lèvre inférieure.

Au mois de décembre 1857, le P. Beiguer, supérieur des aumôniers, écrivait : « Les forêts tombent,
les chemins s'ouvrent et les maisons s'élèvent; on
bâtit à la fois l'hôpital et le presbytère; l'église sera
agrandie. Cette église n'est qu'une pauvre chapelle
provisoire, une case qui a cependant ses richesses:
elles consistent en une fort belle *Descente de croix*,
œuvre de notre excellent médecin, puis dans une magnifique statue de la sainte Vierge.

« Les forêts voisines renferment des arbres qui nous

donnent des boiseries sans pareilles dans les cathédrales de l'Europe ; nos hommes attendent impatiem-
ment l'heure où ils pourront embellir la maison de
Dieu. Saint-Laurent est déjà le plus beau de nos pénitenciers, et il sera dans peu le plus considérable.
Soixante-douze hommes ont déjà des concessions,
chacune de deux hectares. Tous les nouveaux colons
se conduisent bien, travaillent avec ardeur et se por-
tent à merveille. La région du Maroni est plus salubre
que le reste de la Guyane, et d'ailleurs le climat de ce
pays ne mérite pas la réputation que lui ont faite
les expéditions de Kourou et de Sinnamari. Il est
fâcheux que l'apparition de la fièvre jaune ait coïncidé
avec les débuts de la transportation. Les hommes d'une
conduite régulière et d'un tempérament sain, pourvu
qu'ils usent d'aliments de bonne nature, conservent
leur santé. Il faut avouer cependant que nous voyons
ici de singulières maladies, bien faites pour frapper
les imaginations déjà prévenues ; ainsi, il y a trois
jours, un transporté mourait dévoré par les vers ; en
procédant à l'autopsie on reconnut que la tête était
rongée dans toutes ses parties. On assure qu'une mou-
che entrant dans les narines y dépose des œufs d'où
proviennent les vers ; ils se répandent et se nourrissent des chairs environnantes.

« Il y a un autre insecte nommé *ver macqua*, qui
creuse dans les chairs un trou assez profond où il
dépose trois ou quatre œufs. L'un de ces vers, enlevé
de l'épaule d'un transporté, m'a été apporté hier ; je
l'ai examiné avec une surprise mêlée de frayeur : il

mesurait quatorze centimètres sur quatre de circon-
férence.

« Une épidémie plus commune est le mal d'yeux.
L'œil s'enflamme tout à coup et devient extrêmement
douloureux. Ce sont peut-être les conséquences du défrichement ; ce sol vierge, couvert si longtemps de
forêts impénétrables au soleil, devait renfermer des
vapeurs pestilentielles.

« Nous sentons aussi, malgré les précautions prises,
les privations inséparables d'un début. L'aumônier du
Maroni habite une petite case couverte en feuilles, et
sa table est plus que frugale ; mais il ne saurait se
plaindre, lorsqu'il voit ses pauvres paroissiens encore
plus mal partagés que lui. L'aumônier est tout consolé
en voyant ses paroissiens écouter sa parole et suivre
ses conseils. La plupart des hommes qui sont au Maroni
remplissent leurs devoirs religieux ; sur quatre cent
trente-trois transportés, douze seulement n'ont pas fait
leur jubilé. Le commandant, tous les surveillants,
presque tous les gendarmes et soldats, toutes les
femmes libres ont pris place à la sainte table avec
les condamnés. Comment oser se plaindre après un
tel succès ? »

On ne tarda pas à poser les bases d'un autre établissement, près de l'embouchure du Maroni, à la
Pointe Française. Cet établissement était destiné à
l'élevage des bestiaux. De vastes savanes fournissaient
aux bœufs une excellente nourriture, et l'on se pro-
mettait dans un avenir prochain d'immenses trou-
peaux dont l'entretien ne coûterait rien.

XVI

L'heure de l'épreuve venait de sonner pour Saint-Laurent, et tous les espoirs s'évanouissaient. Le P. Nicou écrivait, le 7 janvier 1860 : « La main de Dieu s'appesantit sur nous ; le beau pénitencier de Saint-Laurent présente en ce moment les scènes de désolation qui nous avaient été épargnées jusqu'à présent. Pendant le mois de décembre nous avons compté vingt-huit morts ; janvier commence à peine, et nous en sommes au huitième décès. Le chiffre des malades est énorme ; toutes les salles sont pleines, et si Dieu continue à nous éprouver, on va probablement me demander une partie de la nef de l'église pour la transformer en hôpital. Mais les médecins nous promettent que les pluies qui tombent en abondance vont changer la face des choses et rendre la santé aux malades ; c'est aussi l'espoir du commandant ; quant à moi, j'espère par-dessus tout en la miséricorde du Seigneur, dont les transportés ont voulu fléchir la colère. Nous avons eu, le jour de Noël, quatre cent quarante communiants, Bon nombre d'hommes éloignés des sacrements depuis dix, vingt et jusqu'à trente-cinq ans, sont revenus à la pratique de la religion. »

Le P. Nicou arrivait de France depuis un mois seulement, et se trouvait, pour ses débuts, dans le foyer pestilentiel; il y déployait un zèle, un dévouement, une charité incomparables. Dans la suite de son récit, ce père fait connaître un établissement créé près de Saint-Laurent. « *Saint-Louis*, dit-il, est un nouveau pénitencier fondé à une lieue d'ici, en amont du fleuve, de l'autre côté de la *crique Balatée*. Comme il n'y a pas d'hôpital, Saint-Louis nous envoie ses malades. »

Saint-Louis, l'une des dernières œuvres de l'amiral Baudin, n'était pas, comme Saint-Laurent, destiné aux concessionnaires, mais un pénitencier proprement dit; le condamné y subissait sa peine ou terminait son temps d'épreuve. On ne tarda pas à s'apercevoir que la proximité de ces deux établissements et les rapports fréquents entre les concessionnaires et les condamnés présentaient de grands inconvénients pour Saint-Laurent. En effet, ce dernier pénitencier était composé d'hommes choisis et en pleine voie de réhabilitation : il était donc de la plus haute importance de ne pas les mettre en contact avec des condamnés qui n'avaient encore donné aucune garantie d'amélioration morale.

L'amiral Baudin fut remplacé dans les fonctions de gouverneur, au mois de mai 1859, par le contre-amiral Tardi de Montravel. Au grand regret de tous ceux qui avaient l'expérience de la transportation, et de M. Mélinon en particulier, le nouveau gouverneur favorisa outre mesure l'établissement de Saint-Louis, parfois même au préjudice de Saint-Laurent. L'amiral

Baudin eût fait le contraire. Quoique animé d'excellentes intentions, M. de Montravel, nouveau venu, épousa les idées des fondateurs de Saint-Louis. Ceux-ci s'étaient empressés de placer cette œuvre sous sa haute protection, et se plaisaient à dire que le patron du gouverneur étant saint Louis, le pénitencier devenait le premier dans la pensée de M. de Montravel.

Cependant la vérité se faisait jour ; l'on comprit enfin que deux établissements, si différents par l'idée qui avait présidé à leurs fondations et par les éléments qui les composaient, ne pouvaient vivre de la même vie. Saint-Louis fut donc supprimé. L'épidémie avait sévi à Saint-Laurent pendant une année avec plus ou moins d'intensité ; puis vinrent des jours meilleurs.

Au mois de février 1862, huit concessions, composées chacune de vingt hommes, étaient à l'œuvre, et une neuvième allait commencer ; il y avait une quarantaine de ménages dont vingt-trois anciens, c'est-à-dire de transportés dont les familles venaient de France. Le premier mariage entre condamnés devenus colons avait eu lieu à Saint-Laurent, le 23 octobre 1859. Il avait été célébré par Mgr Dossat ; on y avait déployé une grande pompe, et la cérémonie produisit l'impression la plus salutaire sur les transportés.

La colonie du Maroni se développait rapidement : « Une fois à Saint-Laurent, écrit l'un des aumôniers, les hommes y trouvaient plus de liberté et une discipline paternelle ; les châtiments humiliants sont inconnus ici. Ceux qui se conduisent mal cessent d'appartenir au pénitencier : punition redoutable pour tous. Les exercices religieux sont plus honorés et un peu plus multipliés, en un mot, l'atmosphère est plus chrétienne. L'homme qui a vraiment de bons sentiments, si ses passions ne sont indomptables, se plaît bientôt à Saint-Laurent et laisse espérer pour l'avenir. »

Avant de devenir concessionnaires, les transportés qui arrivaient à Saint-Laurent subissaient un temps d'épreuves plus ou moins prolongé. Ils vivaient au *camp*, ou étaient employés comme jardiniers, cuisiniers, écrivains, infirmiers, etc. Le *camp* était, comme dans les autres pénitenciers, composé de cases communes renfermant de vingt-cinq à quarante hommes; ils étaient occupés aux défrichements, aux corvées et aux cultures. Une partie était détachée au *grand bois*, chantier d'exploitation des bois de construction, qu'on expédiait à Cayenne, dans les Antilles et en France. Les transportés qui se conduisaient bien dans cet état de demi-liberté offraient par cela même quelques garanties. Aussi étaient-ils appelés par le commandant et par le père à sortir de la condition ordinaire pour devenir concessionnaires *urbains* ou *ruraux*. Les concessionnaires urbains étaient les gens de métiers : cordonniers, tailleurs, menuisiers, charpentiers, etc. Le concessionnaire rural recevait deux hectares de forêt à exploiter et à cultiver, un emplacement pour sa case et son jardin. Il avait de plus sa part dans une certaine quantité de terres basses à transformer en pâturages pour l'élève du bétail. Vingt concessionnaires formaient une *concession*. Dès que le transporté entrait dans cette catégorie, il se trouvait dispensé du travail pour l'État, des appels, des corvées, etc.; il était à peu près libre. La police était faite à Saint-Laurent par la gendarmerie; douze gendarmes suffisaient pour une population de près de mille âmes, ce qui prouve que les ex-galériens revenaient au bien.

Afin de relever le concessionnaire à ses propres yeux, chaque vingtaine avait son contremaître choisi par tous. Cet homme, qui tenait son autorité de l'élection, mais que le commandant confirmait dans l'intérêt du principe; cet homme, disons-nous, maintenait le bon esprit et rendait compte au commandant de ce qui se passait dans la concession. Il venait aussi informer le père des choses qui intéressaient son ministère.

Le condamné retrouvait donc la propriété; il pouvait aussi retrouver la famille. Nous supposons toujours que sa conduite est bonne, et que tout fait espérer qu'il sera digne d'être époux. Alors, s'il est marié, on l'autorise à faire venir de France ou d'ailleurs sa femme et ses enfants. S'il est célibataire, il se mariera en Guyane.

Les femmes qui venaient dans ce pays pour entrer en ménage étaient des condamnées qui avaient elles-mêmes demandé la transportation. On les choisissait, dans les maisons centrales, parmi celles qui semblaient présenter quelques chances de réhabilitation morale; elles venaient généralement de ces jeunes filles condamnées pour infanticide, mais n'ayant subi qu'une seule condamnation. Arrivées à Saint-Laurent, ces femmes étaient recueillies dans une maison tenue par les sœurs de Saint-Joseph de Cluny. Ces sœurs tenaient en outre la crèche et l'école. Le service de l'hôpital était confié aux sœurs de Saint-Paul de Chartres.

L'habitation des sœurs de Saint-Joseph de Cluny était environnée d'un vaste jardin, entièrement séparé du pénitencier par une clôture. Lorsqu'une de ces femmes transportées possédait toutes les pièces exigées par la loi pour contracter mariage, le commandant permettait au jeune homme, qui désirait se marier, d'aller rendre visite à la personne dont il voulait faire sa compagne. Les entrevues avaient lieu à la galerie des sœurs et sous leur surveillance maternelle. Lorsque l'accord était fait, le jeune homme et la jeune femme demandaient au commandant la permission néces-saire.

Après la cérémonie religieuse, les nouveaux époux se rendaient dans la maisonnette préparée par le mari ; car pour prendre femme il fallait posséder logis et jardin. Assez ordinairement ce logis était meublé d'une belle couchette en bois du pays, d'une table bien lui-sante, de chaises, de bancs et de quelques ustensiles. De son côté, la femme apportait du linge et de la vais-selle. Le festin de noces se faisait en partie aux frais des invités. Le soir, vers cinq heures, les époux re-tournaient à l'église, où l'aumônier les attendait. On récitait le chapelet, on chantait un cantique, on de-mandait à Dieu sa protection pour la nouvelle famille.

En général les mariages s'y célébraient le samedi, dont l'après-midi était donnée au repos. Les mariés ve-naient rendre visite au père, qui leur donnait quelques

livres et des images pour orner leur maison. Le bon
père distribuait des crucifix, des bénitiers et tout un
petit mobilier religieux. Il n'était pas rare de voir ces
nouveaux époux, dont le passé devait être voilé, baiser
pieusement les mains de l'aumônier, lui demander sa
bénédiction et verser des larmes d'attendrissement.

« En général, écrit un missionnaire, ces ménages
vont bien : la paix, l'affection règnent au foyer do-
mestique, et avec elles un certain bien-être. Les enfants sont remarquables de vigueur et de beauté ; c'est
l'espérance et l'avenir. »

Pendant que la colonie du Maroni se développait ;
les pères poursuivaient leurs travaux dans les autres
pénitenciers à travers mille épreuves, mais non sans
succès.

Au mois d'avril 1860, le F. Dambrine mourait à la
Montagne d'Argent, dans les sentiments de la plus
tendre piété. Peu de temps après, le P. Gire remplaçait le P. Beiguer en qualité de supérieur. Le P. Gire
suivit la route parcourue par ses prédécesseurs et fut
l'âme des pénitenciers. Il se transportait de l'un à
l'autre, aidant, encourageant ses frères, et se mêlant
aux transportés, dont il soulageait les misères. De nouveaux pères arrivaient de France. La mission s'augmentait des PP. Demangin, Château, Bailly, Salmon,
Pineau, Houdoin et Monvoisin ; un peu plus tard arrivaient les PP. Roulleaux, Sacleux, Janneau, Rocher,
Collet, Viart, de Montfort, Futsch, Tutour, Faleur,
Mellière. Les frères coadjuteurs venaient aussi en grand
nombre : la compagnie de Jésus semblait inépuisable.

Le 22 novembre 1864, deux autres aumôniers arrivaient en Guyane, les PP. Verdière et Bégin ; ils étaient trois à l'heure du départ de France ; mais l'un d'eux, le P. Maguyer, était mort pendant la traversée.

Il nous semble inutile de donner de nouveaux détails sur les travaux des pères dans les différents pénitenciers. On connaît maintenant cette existence qui tient en même temps de la vie du prêtre et de celle du soldat. Sous la direction du supérieur, les aumôniers se transportent où le devoir les appelle, changeant de résidence au premier signe, toujours prêts à l'obéissance et au dévouement.

Au mois de juin 1865, le pénitencier de la Montagne était abandonné et remplacé par une léproserie dont les pères conservèrent la direction religieuse. De nouveaux pénitenciers étaient fondés aux *Rochers*, au *Kourou* et à *Saint-Pierre*, près de Saint-Laurent du Maroni. Le P. Gonnet fut le premier aumônier du Kourou.

Vers la fin de l'année 1864, M. le gouverneur de Montravel, en proie à une longue maladie, dut rentrer en France, où il ne tarda pas à mourir.

M. Hennique, général de brigade, fut appelé au gouvernement de la Guyane au mois de juin 1865.

Vers cette époque et en toute circonstance, les œuvres de l'aumônerie trouvèrent un concours empressé dans M. Fliche, jeune ingénieur d'une rare distinction et de talents éprouvés. Tous les pères ont conservé un précieux souvenir d'affection pour M. Fliche.

Le 26 septembre 1866, le P. de Montfort remplaça dans les fonctions de supérieur le P. Gire, qui devint procureur de la mission et aumônier des pontons à Cayenne même. Le 1er novembre de la même année, un nouveau missionnaire, le P. Chambon, arrivait à la Guyane, et, au mois de juillet de l'année suivante, l'aumônerie s'augmentait encore par la venue des PP. Azzur et Géré, accompagnés de deux frères coadjuteurs.

Le P. Nicou, épuisé de fatigues, rentrait en France au mois de septembre 1867. Ce père était de ceux qui travaillèrent jusqu'à la mort. Lorsqu'il lui fut impossible de poursuivre son œuvre, le digne père consentit à s'éloigner; il mourut à Poitiers des fatigues et des infirmités contractées au service des transportés.

Au commencement de l'année 1868, le P. Garnier, frappé de la situation précaire des libérés établis en Guyane, conçut le projet de former entre eux une association de secours mutuels. Cette association avait pour but de parer aux éventualités de la maladie, d'un revers de fortune ou de tout autre accident; dans la pensée du père, elle devait surtout établir un lien moral entre ces malheureux, une sorte de fraternité à laquelle la pensée religieuse joindrait sa puissante action. Le père voulait aussi les arracher à cet isolement, à cette sorte d'ostracisme dans lequel ils vivaient depuis leur libération.

Cette belle œuvre fut inaugurée le 28 juin, dans le bâtiment destiné à servir de chapelle aux jésuites. Les habitants les plus honorables de Cayenne et des environs, le maire de la ville, les différents commandants et les autorités vinrent encourager par leur présence cette entreprise charitable.

A la fin de cette même année, la colonie eut la douleur de perdre son préfet apostolique, Mgr Dossat. Il mourut complètement brisé par les travaux d'un long et laborieux apostolat. Le 30 décembre 1868, le P. de Beaumont arrivait à la Guyane pour remplacer le P. Garnier, qui recevait l'ordre de se rendre en Chine avec le F. Bailly. Au mois de février 1859, le R. P. Hervé, de la congrégation du Saint-Cœur de Marie, venait remplacer Mgr Dossat. Ce prélat, habile théologien, excellent administrateur et religieux d'une vertu remarquable, entretint toujours avec les missionnaires de la compagnie de Jésus des relations d'une parfaite cordialité.

La mission éprouvait au mois de mai une nouvelle douleur. Le P. Houdoin, qui était dans les pénitenciers depuis neuf ans, mourait, après deux mois de souffrances, dans une admirable résignation. Nous reproduisons la note que nous trouvons dans le Mémorial du supérieur : « Le P. Houdoin vient de nous être enlevé. Religieux parfait, très doux, très humble et très obéissant, aimé de tous, il a fait en Guyane un bien immense et solide, surtout à l'îlet la mère. M. Bœuf, commandant et médecin dans cette île, a été pour notre pauvre malade d'une bonté et d'un dévouement que nous n'oublierons jamais. »

Telle est, dans sa simplicité, l'oraison funèbre d'un père qui tombe sur le champ de bataille. Deux jésuites

arrivèrent de France pour remplacer le P. Houdoin :
ce furent les PP. Neaullau et Robet.

Le gouverneur général Hennique mourait au mois
d'avril 1870 ; sa femme avait elle-même succombé à
Cayenne l'année précédente. Le général Hennique emporta les regrets universels. Peu de jours avant le gouverneur, son second, le colonel Domenech, mourait
aussi, et l'ordonnateur, M. Noyer, dut remplir les fonctions de gouverneur.

Les morts se succédaient avec une effrayante rapidité. Le P. Gaudré, usé par dix-huit ans de travaux et
de maladies, sentit sa fin approcher. Les médecins lui
conseillèrent de rentrer en France ; mais il déclara qu'il
voulait mourir au milieu de ses chers transportés, et
reposer pour toujours dans leur cimetière. La plus
grande partie de la vie du P. Gaudré s'était passée dans
les pénitenciers, et il rendit le dernier soupir à Saint-
Pierre du Maroni, le 23 avril 1870. Les transportés
allaient souvent prier sur sa tombe.

XVII

La situation des pénitenciers, loin de s'améliorer, devenait de plus en plus mauvaise. Les espérances conçues au début s'évanouissaient; les premiers résultats obtenus à Saint-Laurent et ailleurs ne s'étaient pas soutenus; la mort, en décimant les pénitenciers, avait occasionné des vides profonds et porté le découragement dans tous les cœurs. Le gouvernement de la métropole r connaissait en silence les fautes commises, et s'accusait peut-être d'avoir trop sacrifié aux illusions; aussi, depuis 1866, les condamnés n'étaient plus envoyés en Guyane; on y déportait des noirs et des Arabes, enfin quelques hommes après la Commune; mais ces envois fort rares ne contribuaient pas à la colonisation de la Guyane. Informé de l'état de la mission, et convaincu que la présence des pères de la compagnie de Jésus était désormais sans utilité sérieuse, le général de la compagnie résolut de mettre fin à l'œuvre de l'aumônerie. Cette grave résolution ne fut prise que sur un rapport du provincial de France.

Les huit dernières années avaient vu disparaître les uns après les autres les établissements de l'Oyapock, de la Montagne d'Argent, de Sainte-Marie, de Saint-Augustin, de Kourou, dont les belles plantations devenaient un désert. Le Maroni, autrefois florissant, se dépeuplait ; aux îles du Salut, où il y avait eu jusqu'à dix-sept cents catholiques, on en comptait à peine deux cent cinquante. La compagnie de Jésus devait fournir six à huit pères et huit frères pour deux mille catholiques au plus, disséminés sur six pénitenciers.

Le général des jésuites pensa que les pères pourraient être employés plus utilement à d'autres travaux. Aussi, le 31 janvier 1873, le supérieur des aumôniers recevait-il l'ordre de quitter la Guyane avec les compagnons de son œuvre, lorsqu'il jugerait le moment opportun. C'est aux mains des pères du Saint-Cœur de Marie que les jésuites remirent les établissements qu'ils avaient fondés en Guyane.

Nous avons passé sous silence les travaux des pères au chef-lieu de la colonie, parce que ces travaux semblent tenir de moins près à l'œuvre de la transportation. Cependant les jésuites s'étaient fait admirer à Cayenne, où leur charité soulageait toutes les misères. Ils possédaient une vaste chapelle bien ornée, construite par les soins des PP. Gire et de Montfort, ces deux derniers supérieurs. Fréquentée par toutes les classes de la population, par les familles des administrateurs et des officiers, cette chapelle jouissait d'une popularité remarquable. C'est dans cette chapelle que sont en vénération les mémoires des PP. d'Abbadie, Gaudré, Demangin et d'autres encore, dont les noms et les œuvres se conserveront longtemps à Cayenne.

Un jésuite, chargé par le préfet apostolique de la direction religieuse des enfants de l'école primaire, avait réussi à les arracher au vagabondage non seulement par sa parole, mais aussi en créant parmi la jeunesse des congrégations et des associations florissantes; il avait su les intéresser et les captiver, au point que ces deux cent cinquante enfants tenaient à leurs réunions religieuses autant qu'à une partie de plaisir. Le père étant rentré en France en 1872, les pauvres enfants ne pouvaient retenir leurs larmes, lorsqu'un an après son nom se prononçait devant eux.

Le préfet apostolique, fort attristé du départ des jésuites, dut cependant s'occuper de les remplacer par des prêtres séculiers ou des pères de sa congrégation.

Ces négociations durèrent une année. Enfin, au mois de février 1874, le supérieur de la mission, le P. de Montfort, s'embarquait pour la France, où la plupart de ses pères l'avaient précédé. Une douloureuse épreuve leur avait été réservée pour les derniers jours, comme pour couronner leur œuvre par un sacrifice. Le P. Demangin, l'un des missionnaires les plus aimés, mourait au Maroni, le 20 octobre 1873; la maladie l'avait frappé dans l'exercice du saint ministère. Cette fois encore l'excessive fatigue fut la cause de cette mort.

Du navire qui allait voguer vers la patrie, le P. de Montfort, ancien officier du génie, adressa un dernier adieu à cette terre lointaine, au nom de ses missionnaires, au nom des dix-sept pères et frères dont les cendres reposaient au milieu des transportés, au nom

des pères de l'ancienne compagnie qui avaient élevé
si haut dans ces contrées la croix et ses sublimes
enseignements. Il ne restait dans la colonie que le
P. Neaullau et le F. Cleack, retenus au Maroni, comme
nous allons le dire.

La ville de Cayenne, la Guyane entière, éprouvèrent
les plus vifs regrets en voyant les jésuites s'éloigner.
Les officiers vinrent tous adresser au supérieur leurs
sentiments de reconnaissance, et le médecin en chef
voulut, au nom du service de santé, accompagner le
supérieur jusqu'au vaisseau. Les adieux furent plus
touchants encore, s'il est possible, au pénitencier du
Maroni. Le directeur, M. Mélinon, était inconsolable,
et tous les transportés laissaient éclater leurs regrets.
Des condamnés aux fers qui passaient pour aller en
corvée rencontrèrent le père qui s'acheminait vers l'embarcation; ils s'arrêtèrent et lui dirent : « Vous nous
quittez, père, parce que nous sommes incorrigibles.
Dieu nous punit, il ne pouvait nous frapper plus fort. »
Le père fit un signe de la main et détourna la tête; il
sentait des larmes mouiller ses yeux, et le bruit des
chaînes retentissait dans son cœur. Les dignes frères
des écoles chrétiennes, les pieuses sœurs de Saint-
Paul, toutes les religieuses furent profondément attris-
tées en se voyant privés du secours des pères jésuites.
Une circonstance augmenta pour le P. Neaullau la
douleur de la séparation. Au moment où il quittait le
Maroni, la fièvre jaune se déclarait, menaçant d'emporter une partie de la population. La veille de son
départ, les religieux appelés à le remplacer arrivèrent

et virent le père conduisant au cimetière quatre cer-
cueils à la fois. Le père voulait demeurer avec les
malheureux transportés et encourager les nouveaux
aumôniers ; mais il avait l'ordre de partir, et le jésuite
obéit toujours.

Le 18 mars 1874, le dernier aumônier de la compagnie de Jésus s'embarquait pour la France. La mission
des jésuites en Guyane avait duré vingt-deux ans ; près
de quatre-vingts pères avaient pris part à cette grande
œuvre.

Le ministre de la marine et des colonies adressa la
lettre suivante au procureur des missions de la compagnie de Jésus, à Paris :

« C'est avec un profond regret que l'administration
de la marine se voit privée désormais du concours des
pères de la compagnie de Jésus : elle a apprécié tout
ce que leur zèle persévérant et leur pieux dévouement
ont fait pour le succès de la transportation ; elle sait la
part qui leur revient dans les résultats obtenus, et je
suis heureux d'être auprès de vous l'interprète de sa
gratitude. Vous pouvez être assuré, mon Révérend
Père, qu'elle conservera toujours un souvenir reconnaissant des services que les pères ont rendus au pays
pendant la durée de leur mission à la Guyane.

        « Signé :

            « *Le ministre de la marine et des colonies,*

              « DE MONTAIGNAC. »

A son retour en France, le P. de Montfort, toujours
préoccupé d'une œuvre à laquelle il avait consacré plu-

sieurs années de sa vie, adressait au ministre de la justice un Mémoire sur la triste situation des libérés à la Guyane. Nous croyons savoir que les graves et justes observations de l'homme éminent qui les présentait ont contribué à adoucir le sort des libérés.

L'histoire de la transportation à la Guyane, si elle est jamais écrite, sera l'œuvre d'un jésuite, aumônier dans les pénitenciers. Seul l'aumônier a tout vu, tout entendu, tout compris, tout deviné; seul il a le pouvoir de dire la vérité. Son regard a plongé au plus profond de cette immense question du châtiment; il ne s'est pas arrêté aux surfaces et n'a pas cru que le problème consistait à préserver la société du contact des criminels; il n'a jamais espéré que des barreaux de fer, des chaînes et des coups de cordes corrigeraient le méchant et le rendraient bon. Le jésuite, qui sait retrouver une âme sous l'écorce la plus épaisse, a peut-être pensé que la justice des hommes avait trop peu de souci de l'âme du criminel. Nous ignorons quelles opinions formuleraient les missionnaires des pénitenciers, si le législateur les interrogeait; mais, si ce législateur consultait leur volumineuse correspondance, leurs notes riches d'observations, il ne tracerait pas une loi pénale sans donner la parole à un jésuite revenu de la mission de Cayenne.

Notre unique but, en publiant ces pages, a été de rappeler cette mission trop peu connue. Le gouvernement français, obéissant à des inspirations plus généreuses que réfléchies, veut supprimer les bagnes et leur substituer quelque chose de moins dur. Un exil

plus ou moins prolongé, des travaux honorables, la
perspective d'une réhabilitation, l'existence coloniale,
remplaceront pour le criminel la vie infâme du galérien.

Lorsque tout est prêt pour le départ, on s'aperçoit
que les règlements ont oublié le service religieux. Em-
pressée de réparer cette négligence, l'administration
cherche des aumôniers un peu partout; les divers
ordres religieux et le clergé des diocèses ne sont pas en
mesure d'entreprendre une telle œuvre; on cherche
encore : on oubliait l'existence de la compagnie de
Jésus.

Les jésuites se présentent; ils connaissent la Guyane,
où reposent les ossements des anciens pères; ils connaissent aussi les bagnes, car leurs voix s'y sont fait
entendre. Lorsqu'ils se présentent, l'administration
s'empresse d'accepter leurs services; ils ne seront pas
des inconnus pour le forçat, et retrouveront aux environs de Cayenne les ruines de leurs chapelles et le
souvenir de leurs œuvres.

Ils partent; ceux qui les entourent ne voient dans le
lointain que la délivrance; les jésuites seuls savent
qu'ils marchent au martyre; mais, avant de mourir,
ils auront sauvé des âmes.

Pendant la traversée ils se mêlent aux galériens et
les consolent. Ceux-ci nourrissent le fol espoir d'une
complète réhabilitation; tous leurs crimes seront oubliés
par les hommes, et ils reprendront dans la société une
place parmi les honnêtes gens. Avec douceur, inspiré
par la charité chrétienne, le jésuite fait entendre que

Dieu seul sait pardonner au repentir ; il parle à ces natures endurcies un langage nouveau, inconnu en ces lieux maudits ; il fait vibrer des cordes muettes, réveille des sentiments endormis, et ne craint pas de dire que le châtiment est juste, qu'il faut l'accepter avec résignation et se soumettre aux décrets de la Providence.

On arrive enfin sur cette terre dévorante ; alors commence la lutte de tous les jours, lutte qui suffirait pour illustrer un ordre religieux. Le jésuite semble se surpasser ; il encourage par la parole et par l'exemple ; il préside aux travaux, partage les privations, et fait aimer le ministre de Dieu par ceux qui ne savaient plus aimer. Lorsque vient l'heure des cruelles épreuves, il ne quitte plus le chevet des malades et montre à tous comment sait mourir un jésuite, comment doit mourir un chrétien.

Peut-être ne devrions-nous pas insister sur les grandeurs et les périls de cette mission, qui ne fut ni la première ni la plus cruelle ; mais le monde moderne s'est habitué à ne voir dans la compagnie de Jésus que d'habiles instituteurs de la jeunesse, imprimant à l'opinion un mouvement contraire aux idées modernes. Le monde semble avoir oublié tout ce que le commerce, l'industrie, la médecine, l'astronomie, la physique, doivent à la compagnie de Jésus.

Pendant le même temps, ils savaient conquérir au christianisme les îles de la Sonde, le Thibet, le Mogol, la Tartarie, la Cochinchine, le Cambodge, le pays de Malacca, Siam, le Tonkin, la Syrie, la Perse et bien d'autres contrées.

« Si la postérité oublie vite, dit le R. P. de Ravi-
gnan, le Ciel, qui n'oublie pas, a donné à ces pauvres
religieux la seule récompense qu'ils ambitionnaient.
Trois ou quatre cents peuples divers évangélisés par
leur zèle, des millions de martyrs qu'ils formèrent en
mêlant leur sang à celui de leurs disciples, des multi-
tudes innombrables d'infidèles convertis dans l'espace
de deux siècles : voilà leurs œuvres, et pour ces œuvres
le ciel seul a des couronnes. »

XVIII

Cette mission, qui a duré près d'un quart de siècle, ne sera-t-elle qu'un souvenir? Les nombreux documents réunis par la compagnie de Jésus, les profondes observations de ses missionnaires et leurs précieuses expériences, enfin les miracles accomplis par leur parole, toutes ces choses seront-elles inutiles au législateur? Ne comprendra-t-il pas enfin que les cachots, les bagnes, la déportation, les échafauds, ne guériront pas le mal qui dévore notre civilisation corrompue? Le salut n'est que dans l'Église catholique. Tous les crimes prennent leur source dans l'ignorance de la loi divine. C'est en vain qu'aux passions déchaînées nous opposerions les lois humaines. Si nous voulons dépeupler les bagnes, répandons à torrents l'enseignement religieux. Que l'enfance n'échappe plus au prêtre, et qu'en entrant dans la vie le jeune homme ne soit pas abandonné à ses instincts, sans guide et sans appui; qu'il soit soutenu par la foi, consolé par l'espérance d'une autre vie.

Les pères de la compagnie de Jésus ont ramené à de bons sentiments une foule de criminels que l'on croyait incorrigibles. Mais, tout en sondant les plaies profondes, ils n'ont pu attaquer le mal dans sa racine.

Sauver un homme, vingt hommes, des centaines
d'hommes, leur a été possible ; mais il n'était pas en
leur pouvoir de sauver une société qui menace de s'en-
gloutir dans l'incrédulité. Sur mille transportés, cinq
ou six à peine avaient reçu une éducation religieuse ;
les condamnés politiques étaient tellement aveuglés,
qu'ils ignoraient l'existence de leur âme. Comment
s'étonner de tant de crimes, de tant de révoltes, de
tant de faiblesses, de tant de cynisme, en un mot, de
révolutions insensées et criminelles? Le respect et l'o-
béissance, la résignation et le courage n'existent que
dans l'enseignement religieux. Hors de lui, on ignore
le patriotisme, on méconnaît la plus sainte vertu : le
sacrifice. Que les écoles du moindre village, que les
salles d'études du plus brillant collège, que les amphi-
théâtres des savantes facultés présentent aux regards
de l'enfance et de la jeunesse le Christ sur sa croix, les
bras étendus et les pieds sanglants.

FIN

9931.— Tours, impr. Mame.

www.ingramcontent.com/pod-product-compliance
Lightning Source LLC
Chambersburg PA
CBHW052103090426
42739CB00010B/2291